聪明人是
如何销售的

邓琼芳◎编著

云南出版集团

云南美术出版社

图书在版编目（CIP）数据

聪明人是如何销售的 / 邓琼芳编著 . -- 昆明：云
南美术出版社，2020.12
ISBN 978-7-5489-4331-0

Ⅰ . ①聪… Ⅱ . ①邓… Ⅲ . ①销售－通俗读物 Ⅳ .
① F713.3-49

中国版本图书馆 CIP 数据核字 (2021) 第 008660 号

出 版 人：李　维　　刘大伟
责任编辑：汤　彦　　王飞虎
责任校对：钱　怡　　李　艳

聪明人是如何销售的

邓琼芳 编著

出版发行：云南出版集团
　　　　　云南美术出版社
社　　址：昆明市环城西路 609 号（电话：0871-64193399）
印　　刷：永清县晔盛亚胶印有限公司
开　　本：880mm×1230mm　1/32
印　　张：7
版　　次：2020 年 12 月第 1 版
印　　次：2021 年 3 月第 1 次印刷
书　　号：ISBN 978-7-5489-4331-0
定　　价：38.00 元

前　言

销售不是一件容易的事情，销售人员也不是轻轻松松就能拿下订单，获得成功。销售需要具备很多条件和技能，包括形象、口才、态度、人脉、技巧等等。对于每一个销售人员，这些似乎都是不可或缺的。

如果销售人员没有良好的形象，不能给客户留下好的印象，那么等待他的只能是一次次拒绝；如果销售人员不能挖掘客户内心的真正需求，不能解决客户的问题，那么就不可能吸引客户的注意力；如果销售人员没有出色的口才、良好的沟通能力，恐怕连见客户一面的机会都没有……

同时，不管是刚加入销售团队的"菜鸟"还是久经沙场的销售老将，想要成功获得订单，就必须跟客户建立信任关系。如果客户对销售人员心怀戒备，即便再努力说服，再强调产品的优势，恐怕也无法达成目的。

聪明的销售人员却不存在这些问题，与普通销售人员相比，他们的思维更活跃、态度更积极、方法更灵活。对于新客户，他们善于利用自己的口才、形象优势，尽快地与客户建立良好的关系；他们能引爆客户的购买动机，消除客户的戒备心理；他们善于深挖客户的需求，满足客户的心理，让客户成为自己最忠实的粉丝。而对于老客户，他们始终真诚热情，积极做好成交前、成交后的服务，给予客户足够的安全感，同时让客户对自己产生信任感和依赖感。

正是因为如此，这些聪明的销售人员才能不断扩展自己的客户资源，把每一个人都变为自己的忠实客户。正是因为如此，这些聪明的销售人员才能有惊人的业绩，成为整个行业的佼佼者。当然，聪明销售人员能做到的，你通过锻炼和努力也能做到。

为了让所有人知道聪明人是如何销售的，我们推出了这本书，旨在让大家知晓那些聪明的销售人员在销售过程中思维、方法、态度、行事等方面的不同，并且找到属于自己的成交秘诀。本书内容全面、方法实用，并且结合大量案例进行说明，相信将对大家有所帮助。

如果你想要获得销售的成功，请赶快行动吧！

目　录

第三章　你要怎么约，客户才不忍拒绝

第四章　只有"一见钟情"，你们才有继续的可能

第五章　留下你的故事，戳中他的心事

第六章　在客户眼中，你有哪些吸引力

第七章　持续发力！成交就差临门一脚

第八章　销售不存在新人胜旧人

第一章
目标明确，精准销售

钓鱼需要知道鱼儿喜欢什么鱼饵，钓什么鱼抛什么鱼饵才能有所收获。销售也是如此，弄懂客户真正的需求是什么，深入挖掘之后再根据需求提供产品和服务，才不会走错棋、选错路。

销售没有方向，犹如盲人摸象

市场是瞬息万变的，谁也说不清楚下一秒会发生什么变化。所以，很多销售人员会形成这样一个观念：销售讲究的就是速度，谁快，谁就能拿到订单。

可真的是如此吗？不如先看一个笑话：

之前，有个人要到洛杉矶，走了很久都没有看到洛杉矶的影儿。后来，他遇到一个开汽车的年轻人，就问他到洛杉矶有多远？年轻人说大约三十分钟。这个人请求搭个便车，而且一上车就不停催促年轻人快点开。大约30分钟，这人见公路周围几乎全是乡村景象，没有一点儿大都市的影子，便疑惑地问："还有多远到洛杉矶？"年轻人回答说"一个小时。"这个人惊讶地说："一小时？刚才不是半小时吗？"年轻人则回答："没错啊，刚才确实离洛杉矶还有半小时，那时我刚从洛杉矶出来……"

这个笑话给我们一个启示：快固然重要，但方向比速度更重要。如果你方向弄错了，那么你的速度越快，距离目的地就越远。销售也是如此。

任何行业的销售都必须瞄准市场，以市场需求为目标。若是对市场一无所知，只顾自己做自己的，那么就可能像没头的苍蝇

一般横冲直撞。结果，整天忙忙碌碌却事倍功半，整天四处奔波却毫无收获。比如，市场需求养生型产品，你却一心推销运动型产品；市场需求时尚、简约型的服装，你却一心推销保暖、实用型的服装。试问你的努力会有结果吗？你不仅落得费力不讨好的结果，而且越是行动迅速就越快失败。

可以说，销售并不是凭借努力和速度就能有所收获的，失去市场为导向，就会失去努力的目标，就如同盲人摸象般手足无措、陷入迷茫。纵观那些百强公司、那些销售冠军，哪一个不既重视销售又重视市场，哪一个不重视销售与市场二者之间协调关系？

所以，想要获得更好的业绩，销售人员就应该努力从市场中洞察、挖掘客户的需求，发现和分析问题，然后根据市场和客户的实际情况，推广销售相应的产品。这一点，皮尔·卡丹的做法值得我们学习和借鉴：

皮尔·卡丹是意大利知名服装设计师，1950年，他在法国创建了以自己的名字命名的"皮尔·卡丹"服装公司。当时二战刚结束，巴黎经济萧条，普通老百姓节衣缩食，只有有钱人才讲究服装搭配。根据这一消费市场，卡丹设计的是在金字塔顶端的高档时装，"高尚""大方""优雅""豪华"，这些服装一经推出，演艺界名流、社会上层人士、达官显贵等为之倾倒，争相慕名前来订制。一时间，皮尔·卡丹成了法国时装界"先锋"派的重要代表人物，引领着服装时尚潮流。

随着法国经济的迅速复苏，普通老百姓的生活水平不断提高，对服饰文化层面也开始有所要求。此时，卡丹意识到目前这些服装的天价绝对不是一般人能够享受的，"只有面向众多的消费者才有出路。因为只有扩大消费面，才可能使它产生普遍和广泛的影响，并经受更大的考验"，于是毅然提出了"成衣大众化"的口号，将自己设计出的高雅、领导潮流的新颖时装进行了批量生产、加工，并本着"薄利多销"的经营原则，投放到了"大众化"的市场，使更多的人穿上时装。

数年后，"皮尔·卡丹"商标品牌的服装得到了大众化普及，牢牢地占据了时装品牌之宝座。这时，卡丹意识到服装一旦普及必定会有人仿制抄袭，于是他决定改变自己的经营策略，向全世界宣布征召加盟商，大卖皮尔·卡丹商标的使用权，而且商标不仅仅限于服饰，使用者什么行业的都有，如自行车、香烟、儿童玩具、床上用品、化妆品……通过转让商标，皮尔·卡丹在遍布世界五大洲的80多个国家里，拥有5000多家"卡丹"牌的专卖店，20多万名员工，总资产高达10亿美元。

在高档服装风靡之时，卡丹意识到普通民众对服装的渴望，服装市场的大众化趋势，成功使"皮尔·卡丹"得到了大众化的普及，占据了时装品牌宝座；在普及后，卡丹开始买卖"皮尔·卡丹"的商标使用权，这不仅使"皮尔·卡丹"免于被大肆仿制的抄袭之险，而且得以迅速扩张，缔造出了庞大的"卡丹帝国"。

不难发现，皮尔·卡丹的发展历程就是发现市场需求，满足

市场需求的过程。不管是推出高档时装还是大众化成衣，不管是召集加盟商还是出卖商标的使用权，无不渗透着对市场的把控。

归根到底，对于销售来说，方向比速度更重要。只有方向正确了，才能避免走弯路。只要销售人员能够向市场看齐，以市场为导向，便会提高市场供应的精准率，从而第一时间拿到订单。相反，若是销售人员一味埋头苦干，像老黄牛一样只顾埋头拉车，却不懂得时常抬头向前看，那么就可能走错了方向，白白浪费了时间和力气。

聪明的销售人员是勤劳的、努力的，更是有头脑的。他们时常会抬头看看市场方向，确保自己能抓住市场的脚步，满足客户的真正需求。他们会时常思索自己努力方向的正确性，思索自己销售的产品是否最好卖、是否让客户最满意。

所以，行动前先好好研究市场和客户的需求吧！

不懂客户需求，你拿什么做销售

许多人都喜欢钓鱼，但是一样是钓鱼收获却不尽相同。这是为什么？原因很简单，聪明的钓鱼者知道什么鱼喜欢吃什么鱼饵，钓什么鱼抛什么鱼饵。而"不太聪明"的钓鱼者却不懂得提前下功夫，没有研究鱼究竟喜欢什么鱼饵。

仔细想想，做销售是否也是这个道理？销售人员只有站在客户的角度思考问题，弄懂客户的想法，了解客户的真正需求，才能确保销售的成功。

当然，每个客户条件不同、性格不同，购物需求自然有所不同。这就需要销售人员在与客户沟通时耐心、热情、周到，挖掘客户需求。来看看下面这个销售人员的做法：

李璇是某家居用品专卖店的销售人员，一天一位女士走进她的店里，想看看几款枕头。李璇向她推荐了几款非常畅销的枕头，并且询问她是自己用还是送人。

女士对李璇说："我最近睡眠质量不太好，经常失眠，想买一个比较舒适的枕头。而且，我的颈椎不太好，这也导致睡眠越来越不佳。"

听了女士的话，李璇思考了一会儿，便向她推荐了一个乳胶枕头，同时说："既然您的颈椎有些不舒服，我建议您使用这种枕头。它是乳胶材质的，设计合理，可以有效地保护颈椎。而且，这种材质的枕头不容易变形，不管您躺多久都不会感到疲惫。"

女士用手按了一下，对枕头非常满意，便继续询问道："我老公最近工作压力太大了，晚上休息不好，身体和精神状态都出现了问题。像他这样的情况，是不是也可以使用这种乳胶枕头？"

李璇说："如果是这种情况，我建议您给您爱人买一个茶叶枕头。这里面的枕芯是茶叶，不容易腐烂，而且有降火气和帮助睡眠的功能。再说，它的味道非常好闻，有茶叶的清香。"

这位女士对两款枕头都比较满意，便问道："我一次购买两个枕头，你们店里有没有优惠。如果优惠力度够的话，我还想给我爸妈也买一对。"

听了女士的话，李璇知道她有足够的需求，并且讲究生活品质，便说："是这样，女士。我们店里正在搞活动，活动力度也非常大。如果您购买商品满一定金额，我们会给您很好的优惠。当然，这优惠并不是最重要的，最重要的是为家人挑选更合适的枕头，毕竟它关系到我们的睡眠和健康。"

见女士点头，李璇继续说："尤其是老人，睡眠质量差，就更需要质量好、有助睡眠的枕头了。我向您推荐这款决明子枕头，不仅可以去火清热，还能按摩头部、颈部。附近很多老年人都购买了我们这一款枕头，而且反馈也非常好……"

结果，这位女士痛快地买下了四款枕头，加起来有几千块钱。

李璇看到了这位女士的需求，并且根据对方的需求推荐具有不同功能的枕头，这就是她成功销售的关键。如果李璇只顾着推荐价格高、品质好的商品，却不顾客户的需求，恐怕这次销售就很难成功了。

需求，永远应该是销售人员第一考虑的。如果你不懂客户需求，即便你说得天花乱坠，即便你再热情，恐怕也无法打动客户。因为在整个销售过程中，占据主导地位的始终是客户，他们才是决定这场交易成败的人。

可销售的过程中，很多销售人员却不善于研究客户需求，或是自以为是地揣度客户需求，一心考虑自己卖什么产品，结果只能承受失败的结果。

　　李锐是做汽车销售工作的，有一天，他接待了一位客户，这位客户自己最近有买汽车的打算，希望李锐能够帮自己推荐一下。李锐通过之前的沟通，得知这位客户是某企业主管、消费能力一般，便没有多加询问，为客户提供了几款价格在十几万的车型。最后，这位客户非常痛快地定下了一辆性价比较高的车，并且表示五天后来提车。

　　李锐见这么痛快就成交，便洋洋得意地想：我做这么多年销售，眼光还是不错的，重要的就是了解客户的需求。要不然，这客户怎么这么快成交呢！

　　可事实真的如此吗？

　　五天之后，这位客户到李锐的店里来提车，结果无意间发现展位上展示着一辆某品牌越野车。他非常惊讶地说："原来你们这里也有这款新车？"

　　李锐知道所有人都喜欢高档车，以为这位客户想看看，便笑着说："对啊！这是新款，是我们店里新到的车型。这车的性能非常不错，您要看看吗？"

　　没想到客户非常遗憾地说："既然你们店里有这样的车，你上次为什么没有为我推荐一下呢？真是可惜了，我前两天已经在别的店定了这辆车，就是你们家对面的那个店。"

　　李锐听了这话愣住了，好半天才缓过神来。他说："那我向您推荐车型的时候，您怎么那么快就接受了？"

　　这位客户说："哦，当时我本来就想买两台车，普通车型是我自己开，高档一些的送给我女儿做嫁妆。现在年轻人

都喜欢越野车，越野车空间宽敞，视野又好……如果我知道你们店里也有这款车，省了很多麻烦……"

听了客户的话，李锐就像吃了黄连一样，有苦说不出。他非常后悔自己没仔细地了解客户的需求，而是自以为是地帮着客户做决定。可后悔已经晚了！

可以说，李锐的这次销售是失败的，虽然他卖出了一辆车。如果李锐能够耐心地和客户沟通，了解客户的真正需求，又怎么会错过了这么大的一个单？

因此，销售人员不要觉得自己经验足、最了解客户，毕竟你不是客户，根本不知道他们到底需求什么；不要凭借客户的消费水平来揣测客户的需求，推荐客户不想要的产品，因为很多人在某方面不讲究，却在另一方面追求品质；不要凭借客户过去的需求揣度现在的需求，因为人是会变的，需求也是会变的。

在销售过程中，我们只有真正了解客户需求，围绕客户需求进行销售，才能把话说到点上；只有及时彻底掌握客户信息，及时关注客户需求的变化，成交的概率才能大大提升。

销售的主题永远离不开利益关系

销售的主题永远离不开利益关系，销售人员想要拿到订单、做出业绩，而客户则想要买到好产品，获得更多优惠。从表面上看，销售人员和客户之间的关系是对立的，销售人员拿到更多利益，客户获得的优惠就越少。相反，客户获得的优惠越多，销售人员拿到的利益就会随之减少。

可为什么不能得到双赢呢？

营销学这样认为：双赢是成双的，代表了利益平衡的交换，也代表了合作的准则。说白了，在销售的过程中，双赢就是实现销售人员与客户双方的利益兼顾。销售人员拿到了订单，客户也得到了物美价廉的商品、贴心的服务。之后，客户继续愿意从销售人员那里买东西，继续享受更好的产品和服务，销售人员则得到源源不断的订单，业绩越来越突出。

可以说，除非你或者客户有一个是骗子，否则就完全可以达到双赢的结果。而实现双赢的关键在于，销售人员在为自己着想的同时不能忽视客户的利益，而是努力为客户提供最合适、最想得到的东西。这很难做到吗？一点都不。不妨看看下面这个销售人员是如何做的：

方洋是一家家具店的老板，说实话他的家具质量、款式等并不是最好的，但却是最受顾客欢迎的。尽管市场竞争非常激烈，可方洋的生意一直很红火，令其他家具店望尘莫及。他的秘诀就是追求自己与客户的双赢，不为了自己赢得更多的利益忽悠客户，或低买高卖，或以次充好。

一天，方洋接待了一位客户，对方想买一种自由折叠，高度可以自动调节的桌子。方洋将几张桌子指给顾客看，并且说："这几款桌子都是我们店的畅销货，您好好看一下。不过你还需要精挑细选一下，这样才能挑出最适合自己的。"

一会儿，客户选中了一款桌子，却仍然不满意地说：

"这张桌子不错，但款式有些旧。"方洋微笑着说："您说的很对，我们现在已经不仅仅把桌子当物品用了，还希望它外表美观大方就像装饰品一样，这张桌子嘛，结构是有些简单了。"说完，方洋用力地踩了踩桌子，继续说道，"不过这桌子倒是挺结实，质量错不了，我们能用得久一些，您说呢？"顾客脸上露出喜悦的神色，当即买下了这张桌子。

方洋没有一味地向客户吹嘘"我"的桌子有多好多好，而是客观地指出桌子的优势、缺点，让客户自己做决定。同时，方洋没有把自己放在客户的对立面，而是用"我们"来拉近与客户之间的距离——"我们现在已经不仅仅把桌子当物品用了""质量错不了，我们能用得久一些"。恰恰是如此，方洋拿下了订单，客户购买到自己心仪的桌子，实现了双赢。

对于任何一方来说，这都是最好的结局。然而现实生活中，很多销售人员只考虑自己的利益，根本没有双赢的意识。他们看起来很聪明，实际上却是最愚蠢的。比如，有的销售人员"口才"非常好，忽悠客户购买了质量不好的产品，或是以次充好。这看似销售人员赢了，客户输了。实际上，销售人员也输了，客户拿到产品之后自然知道自己受骗了，之后就绝对不可能再和销售人员合作，还会到处宣传其不道德的行为，使得销售人员信誉尽失。

再比如，有的销售人员为了拿到客户，一味地压低价格。可羊毛出在羊身上，价格低了，收益就会减少，收益减少，就会用劣质产品或偷工减料来搪塞客户。结果，销售人员获得的利益是短暂的，最终同样会失去信誉，一败涂地。

所以，作为销售人员应该早早放弃那种动不动就和客户拼个输赢的想法，而是应该时刻想着如何"双赢"。让客户知道你能为他提供利益，你为他的利益着想，他才能更信任你。把客户当作利益共同体，为客户的利益着想，才不至于"双输"。

说到这，我想起一个关于卡耐基的故事，现在和大家分享一下。

卡耐基每个季度有将近一个月的晚上都会包下纽约的一家大型旅馆的大礼堂，因为他要在那里口授社交训练课程。有一个季度，卡耐基刚到达礼堂进行准备工作，就接到了旅馆的通知。通知说，礼堂的租金比原来的多出了3倍，如果他不付给旅馆足够的租金，那么就将取消他的预定。卡耐基非常气愤，因为当时课程的入场券已经印好，而课程准备已经就绪，课程很快就要开始，想要更改也来不及了。

卡耐基直接找到旅店的经理，他原本可以对经理进行指责，因为这显然是一种不讲信用的表现。但是他没有，而是用平静的语气对经理说："我刚接到你们的通知时，有点儿震惊。不过，这事并不怪你，假如我处于你现在的位置，或许我也会做出和你一样的决定。你是这家旅馆的经理，为这家旅馆尽可能地盈利是你的责任。不这样做，那么恐怕你经理的位子也保不住了。不过，如果你执意要增加租金的话，那我就暂且以一个朋友的身份，和你来谈一谈这样做的利弊吧。"

"先说增长租金的好处"，卡耐基耐心地说，"旅店的大礼堂不租给我讲课用的话，就可以租给其他人举办舞会或

晚会，这些活动的时间通常都比较短，他们能够一次性支付高额的租金，这样你们就能获得更高的利润，显然比租给我要合算得多。"

"但是"，卡耐基话锋一转，接着分析起了现状，"你增加了我的租金，事实上是降低了你的收入，因为这样高的租金并不是我能承担的。为了能够继续办培训班，我必然要去别的地方办班，你就失去了一个客户。此外，还有一件事不知道你是否注意到了，我的这个培训班的学员都是受过良好教育的中上层管理人员，而成千的学员到你的旅馆来，无疑会在中上流客户中提升你的知名度，即使你花费五千元在报纸上做广告也请不来这么多中上流社会人士来这里参观！你认为你损失的那点租金，不值这样的宣传效果吗？你认为我在这里办培训班，你会不合算吗？请你仔细考虑之后，再答复我吧。"

卡耐基说完这些话，就站起身离开了经理办公室。很快，经理就做出了让步，他们只收取原先约定的租金，让卡耐基继续在这里开班授课。

卡耐基的谈判之所以能够取得成功，只是因为他站在旅店经理的角度来想问题，告诉对方，"如果你继续和我合作，将赚得更多。可如果你拒绝合作，不仅会失去一个客户，还将失去更多的潜在客户，以及宣传的机会。"而相比卡耐基，这位旅店经理就只考虑单赢，只在乎一时的利益。好在他接受了卡耐基的意见，才没有酿成大错。

我们需要明白，在当今这个社会，销售人员和客户已经不是对立的、我赢你输的关系，而是一种我赢你赢的共赢关系。站在双方共有的立场上，为客户提供更好的、更适合的产品，你的销售才算是真正成功。

当然，双赢并不是一件一蹴而就的事情，销售人员需要有耐心、细心和恒心。

真诚沟通，找到客户购买需求所在

销售的过程实际上是销售人员与客户沟通的过程，想要实现销售目的，销售人员做的第一件事就是，寻找客户的购买需求，真正做到"知己知彼"。只有找到客户的购买需求，销售人员才能更详细、更准确地介绍产品，并且做到让客户满意。

可很多销售人员并不懂得这个道理，他们一看到客户就滔滔不绝地介绍自己的产品信息，说它质量好、品质好，说它价格合理、受人欢迎，就是没问一句客户需要什么。结果，就算他把自己的产品夸得天上有地下无，也无法打动客户的心。很简单，他推荐的产品并不是客户需要的。说到这里想起一个笑话：

某人到集市上买梨子，询问梨子甜不甜。摊主马上就笑嘻嘻地说："我这梨子每一个都超级甜，不甜不要钱！"听了摊主的话，那人便想要转身离开。

摊主着急地说："真的，我的梨子真的很甜，不信你可以尝一尝！"

只听那人说："可是我想买酸梨！"

摊主没有询问客户需求，便急于推荐自己的"甜梨"，试问又怎么能成功呢？

销售并不是单方面的活动，而是双方的互动和沟通。作为销售人员必须通过沟通捕捉到有价值的信息，真正了解客户的所思所想、性格特征、兴趣爱好以及内心需求等关键信息。

这看似很简单，却并不是一件容易的事情。因为想要成为出色的销售，不仅需要出色的口才、足够的亲和力，更需要有察言观色、循循善诱的能力。如此一来，销售人员才能巧妙地鼓励客户说出他们的故事和有价值的信息，同时提出精准的问题，挖掘客户的内心需求，为满足客户的需求打下良好的基础。来看看下面这两个摊主的区别：

第一个摊主：

见客户前来，热情的介绍："大姐，您看我这里的水果都是很新鲜的，有苹果、橘子、香蕉，您看您需要什么水果？"

客户听摊主这样说，便说道："你给我来点橘子吧，少来点就行了。"

摊主继续说："我这里的橘子有很多种，酸的、甜的、酸甜的，什么口味都有。您喜欢偏甜一点还是偏酸一点的口味呢？"

客户则说："给我来点酸甜口味的吧！"

摊主立即给客户拿了一个橘子，说："您来尝一尝，这是今天刚到的橘子，酸中带甜，保准您胃口大开！"结果，客户高兴地买了一些橘子。

这个摊主懂得了解客户的需求，可是却没有了解到位，更没有深挖客户的需求。虽然他成交了，但是却并不是真正成功的销售。

第二个摊主：

还是上面那个客户，走到一家比较大的水果摊儿。这个摊主是个聪明人，更能说会道。他看到这人手里拿的橘子，便询问道："大姐，您买水果啊。这品种的橘子可有点酸啊！"

客户点了点头说："我知道它是酸的，谢谢您。"

摊主笑着说："原来如此，我还以为您买错了呢！您特意买酸橘子，是给孕妇吃吗？"

客户惊讶地说："当然！我闺女刚刚怀孕，吃什么东西都没有胃口，就想吃点酸的水果。我看着橘子酸甜可口，便给她买了一些。"

摊主听了这话，便夸奖说："大姐，您这当妈妈的可真是细心啊！您闺女有您这样的妈，真是幸福！回头闺女给您生一个大胖外孙，您就等着乐吧。"摊主的这一番话，听得这人真是心花怒放，便停下来看看他的水果，想给女儿再买些酸酸的杏和梨子。

要是其他摊主，肯定乐不得地给客户称。可这位摊主却真诚地说："大姐，虽说这酸的东西利口，可是吃多了也不好，容易伤了您女儿的胃。您还是给闺女准备点好吃又有营养的水果吧。您知道孕妇孕早期需要多补充什么营养吗？"

客户有些疑惑地说："听说孕妇需要补叶酸和维生素，但是我也不知道具体买些什么。"

听了这话，摊主说："大姐，孕妇确实要全面补充维生素，这不仅对孕妇的身体有好处，还有利于胎儿的发育。我这有新鲜的猕猴桃，富含维生素，也不算太甜，既可以满足您闺女的口味，又可以避免孕妇的血糖太高。您不如选一些吧！"

客户点头说："嗯，我确实听说猕猴桃不错，有营养又好吃。那我买点给我闺女尝尝吧！"

摊主给客户称了一些猕猴桃，接着说："大姐，现在人们吃水果都讲究新鲜，要求不打农药、绿色无污染。尤其您闺女是孕妇，更应该多吃绿色、无污染的，对吧？我们店的水果都是新鲜、绿色的，以后您要是上我这儿来，我给您挑最好的，还给您一定的优惠。您看可以吗？"

客户一听，立即爽快地答应了："那可真是太好了！我平时都是随便转的，不知道哪家的水果好。要是你家的水果好又有优惠，我就认定你家了。"

就这样，这位摊主又拿下了一个忠实客户。

与第一个摊主相比，第二个摊主是不是更聪明？同样是做生意，第二个摊主通过和客户聊天，了解了客户的深层需求。之后他又通过提问，步步试探、循循善诱，一步步地引导客户购买营养高、绿色无污染的水果，最后还把客户发展成为老客户。

所以说，销售并不是单纯地卖东西，一味介绍自己的产品，却忽视了客户的需求，这样的销售只能失败。真正的销售是与客户沟通，了解并满足客户需求，因为需求才是客户最根本的购买动机。

让客户的潜在需求上升为实际需求

很多销售人员有这样的疑问：为什么客户上一次对产品表示出很大的热情和积极性，可是这一次却态度有些冷淡，拒绝了我的销售？为什么在整个过程都比较积极，可到最后成交前却变了卦？

其实，关键在于销售人员没有及时把客户的潜在需求转换为实际需求。那么什么是潜在需求？什么是实际需求？

简单来说，潜在需求，又称间接需求，是指由于各种主客观原因，客户也不能完全清晰感受和用明确的、具体的语言描述出来的需求。实际需求，是客户内心最真正的需求，最能满足他们某种心理的需求。除此之外，还有一种显性需求，是客户明确知道自己想要什么、希望要什么，并可以用语言描述出来的一些需求。

潜在需求，因为具有隐蔽性，所以很难被人们发掘。但是它在购买行为中，是非常重要的，大部分需求是由潜在需求引起的。可以说，谁能发掘并满足客户的潜在需求，并且设法把潜在需求转化为实际需求谁就能取得销售的胜利。

也就是说，那些客户虽然对产品很热情、积极，但是这些需求并不是他们真正的实际需求。销售人员并没有发掘出他们的潜在需求，让显性需求又转化为潜在需求。所以，客户才会表现出

态度不一、临时变卦的情况。

　　想要解决这个问题，销售人员就不能只盯着客户的显性需求，而是必须发现和挖掘客户的潜在需求，并且设法把潜在需求转化为实际需求。

　　事实上，潜在需求是不难挖掘的，而且还是可以激发的。有时客户对于如何实现自己的潜在需求，并不一定能够做出正确的选择。这个时候，如果销售人员能先挖掘问题的原因，通过外在表象找出内在需求，那么就可以将客户需求引导到自己产品上来，成功使潜在需求转变为实际需求。之前听过一个故事：

　　　　一个年轻人本来只想买一个电钻，却乐颠颠地在一家婚介所交了三千元的介绍费。这是不是很荒唐，但是听完他的故事，你就不会这样想了。

　　　　这天，这位年轻人上街买电钻时，中途遇到一个在婚介所工作的朋友。朋友询问他去做什么之后，说道："前几天我刚买了一个电钻，用了一次就没再用。我一百元买的，干脆五十卖给你得了。"既然可以省一半费用，为什么不节省一些钱？于是，年轻人打消买电钻的念头，并和朋友约定第二天上午到朋友家里取电钻。

　　　　第二天年轻人拿到电钻后，朋友追问他买电钻做什么？年轻人解释道，自己想在墙上打一个洞，买一幅油画挂上去。朋友又追问为什么要买一幅油画，年轻人解释说，因为自己的房间里显得太空旷了，不够温馨。接着年轻人说："你知道，我是一个程序员，忙得没时间找女朋友。我时常一个人在家，尤其是网上的时候，面对光秃秃的房间，感觉很凄凉和孤单。"

这个时候，朋友笑着说："那你买什么电钻、油画啊，为什么不交一个女朋友？有了女朋友，你就不会感觉孤单。之后你们结婚生子……"就这样，年轻人成了朋友婚介服务所的会员，并乐颠颠地交了钱。

这很荒唐吗？一点儿都不。我们发现，年轻人买电钻的需求是显性的，但是这并不是他内心最迫切、最渴望的需求，他内心渴望有人陪伴、渴望有个女朋友、渴望有个家。朋友发现了年轻人这个潜在需求，并且把他转换为显性的实际需求，所以把他变成了自己婚介所的客户。

作为销售人员，我们应该向故事中的"朋友"学习，不满足于满足客户的显性需求，而是善于挖掘客户的潜在需求，重视潜在需求的激发和引导，尽可能避免客户的显性需求转化为潜在需求。

虽然说，知人难，知人心更难。但是对于销售来说，读懂客户内心和了解客户需求是第一要务。我们需要提高自身的观察能力、逻辑推理能力、分析判断能力，要有"眼力见儿"，找准客户的潜在需求。同时，我们还需要有足够的耐心，与客户进行彻底有效的沟通，让客户心甘情愿地把内心的真正需求表现出来。

这绝对是行之有效的方法，更是一本万利的"买卖"！

是否获益，
才是客户购买与否的首要依据

"天下熙熙，皆为利来；下天攘攘，皆为利往。"追逐利益，是人们的天性。很多时候，在销售的过程中，销售人员与客户唇枪舌剑，客户与销售人员讨价还价，都是为了追求自己的利益最大化。

所以，作为销售人员，不管我们如何和客户沟通，都必须让他们明白：我们不单单卖产品，而是通过产品带给顾客利益。当我们明明白白地让客户感受到我们的产品将给他带来哪些实实在在的好处时，他自然会心甘情愿地买单了。

明白了这一点，我们就需要在销售中找出顾客购买我们所销售的产品将会得到的最大的利益是什么，最好是利用生动可信的故事，或是真实的案例来阐明。

一位空调销售员向一位妇人推销空调，他给妇人讲了空调的性能、特点、优势，可是这位妇人还是摇头。最后，妇人告诉销售员她不买空调的原因，是因为认为空调很费电。

听了妇人的话，销售员真诚地说："我们的空调很省电，这一点您放心吧！我的奶奶一直是个节俭的人，晚上不到天完全黑下来是绝对不会开灯的。他住的屋子不透风，夏天很热，我们一直想给她安装一个空调，可她硬是不答应，说空调浪费电。当我做了空调销售员以后，知道我们的空调特别省电，于是，我出钱给她安装了一台。安装好以后，刚开始她不敢用，怕费电。可那一个月，我天天回家去陪她，逼着她开空调。一个月过后，交电费时，发现电费仅仅比原来多了5度。因为她原来虽然不开空调，但会开两个风扇。我奶奶自从发现空调不费电以后，现在天天开着空调，逢人就说这空调好。"

当妇人听了销售人员的话，立即改变了主意，决定购买空调。为什么？因为她从真实案例中感受到了实实在在的好处——不费电。

所以，是否获益，才是客户购买与否的首要依据。在最初，销售人员一一列举了空调的优势，可说了半天也没有指出客户能获得哪些好处，所以妇人始终不能下定决心。之后，销售人员得知妇人担心费电之后，便通过奶奶的故事阐明省电的好处，击中了客户的内心，成交自然就水到渠成了。

在销售过程中，每一个顾客都有自己关心的利益点，销售人员最主要的工作就是在第一时间找到顾客的利益点，然后让他明白产品给他带来了什么利益。比如，每一个家长都关心孩子的健康和安全，安全就是他们购买产品时会考虑的重要因素。所以，作为推销玩具的销售人员，必须强调玩具的安全性，给客户讲几个关于玩具安全的故事。

再比如，很多客户讲究品位、追求个性，这个时候销售人员就应该向客户表明：产品能提供其他产品与众不同的利益。比

如，某产品是市场独一无二，可以量身定做；某产品与某大牌合作，品质高、服务优……当客户感觉可以享受独特的服务，便会产生购买欲。

当然，每个人顾客是不一样的，在乎的利益点也不尽相同。这就需要销售人员用心发掘，找出客户真正在乎的"好处"是什么，然后想办法满足顾客的需求。同时，你带给客户的"好处"应该是真实的，而不是随便编造，或者夸大的，否则就可能适得其反。

第二章
亲爱的客户你在哪里呢

客户，是销售人员成就业绩的根本。聪明的销售人员始终以客户为根本，想尽办法寻求客户，耐心仔细服务客户，"死缠烂打"套牢客户……总之，客户在哪里，他们就到哪里；客户需要什么，他们就提供什么。

谁是你的客户，如何做到心中有数

在销售领域流传着一个故事。

在纽约第五大道有一家复印机制造公司，正在招聘销售员，众多年轻人前来应聘。经过初选，3位应聘者进入接下来的考核——一天内展现自己的销售能力。

第一位应聘者说："完成不可能的任务，才能体现我们的能力。我接下来要把复印机卖给一个农夫……"

还没说完，第二位应聘者便赞同地说："没错，把产品卖给不需要的人，这就是我们的能力！我要找一个渔民，把复印机卖给他！"

第三位应聘者是个女孩，她没说话，显然不赞同以上两位的说法。

第二天，三人再次回到公司，老板微笑着问："你们都做了什么最能彰显个人能力的事情？"

第一位得意地说："我把复印机卖给一位农夫，虽然费些口舌，可只花半天的功夫就成功了！"

第二位也抢着说："我只花了几个小时，2个小时到达河边，1个小时找到一位渔民，接着又花足足4个小时说服他。虽然他根本用不着复印机，但还是买下了。"

第三位女孩则平静地说："我做的事情比较容易，

27

只把复印机卖给3位电器经销商,而且花了整整一天的时间。"

另外两位显然有些看不起第三位女孩,可接下来,女孩又说道:"我和3位经销商签了订单,他们同意购买600台复印机。"老板震惊了,拿着订单看了看,然后当场宣布录用她。

另外两位很不服气,说:"把复印机卖给电器经营商有什么可自豪的,他们本来就需要这些产品啊!我们把产品卖给不需要的人,不是更能说明我们的能力吗?"

老板摇着头说:"不,你们想错了!能力并不是非要完成不可能的事情,而是用最短时间完成最多最合适的事情。更何况,让不需要产品的农夫和渔民买下复印机,实际上是一种欺骗,根本不是真正的销售。真正想要做好销售,必须做好产品,找准了客户的需求,然后持续不断满足客户的需求。"

一番话说完,那两位应聘者耷拉下脑袋。第三位应聘者成功了,之后一直记住老板的话,多年后,她成为最优秀的推销员,创下了年销售200万台复印机的世界纪录。她就是安妮·穆尔卡希,后来成为全球最大的复印机制造商施乐公司总裁,被美国《财富》杂志评为"20世纪全球最伟大的百位推销员之一",也是其中唯一的女性。

相信很多销售人员都听过这个故事,并且想要用此来引导自身的销售工作。这故事确实有些新奇、吸引人,展示了高超说服技巧的重要性。但是,故事毕竟是故事,脱离了现实,如果销售人员把它奉为圭臬，按照它的技巧去行事，恐怕很难获得收获。

没错，销售不仅仅是技巧，要知道，农夫和渔夫根本不需要复印机，也没有买复印机的必要。没有需求又怎么会产生购买动机呢？尽管两位应聘者凭借着自己的"三寸不烂之舌"说服了对方，但本质上来说是一种欺骗，而不是有效传达产品的有效价值。这种不考虑客户需求，只顾着自己赚钱的销售，注定走向失败。

对于销售人员来说，想要把产品销售出去，想要赢得更好的业绩，就应该找到最需要购买产品、最想要购买产品的客户，而不是想尽办法把不需要产品的人"发展"为客户。若是你这样做了，或许能凭借口才和沟通能力拿下一个、十个、百个客户，但是绝不会获得更多，同时销售的成功也不会长远。

而那些最需要购买产品、最想购买产品的人才应该是销售人员的目标客户。确切地说，与其他人相比，目标客户的成交率要高得多，销售人员花费的时间和精力要少得多。只有有效地开发和寻找目标客户，销售人员的业绩才有所保障，事业才能长久。

不妨再看看下面这个故事，这个故事就是把鞋子卖给光脚的人。

为了开拓更大的市场，两家皮鞋工厂各自派了一名推销员到太平洋上的某个岛屿去了解情况。甲乙两位销售人员几乎同时登上海岛，他们发现海岛相当封闭，岛上的人与大陆没有来往，他们祖祖辈辈靠打鱼为生。他们还发现岛上的人衣着简朴，几乎全是赤脚，一打听才知道这里的人没有穿鞋子的习惯。

看到这种状况，甲心里凉了半截。他二话没说，立即乘船离开了海岛，返回了公司。与甲的态度相反，乙看到这种状况，顿时心花怒放，他觉得这里是极好的市场，因为这里的海边都是礁石，很硌脚，还容易划伤脚，很有必要穿鞋。于是，他挨家挨户做宣传，告诉岛上人穿鞋的好处，并把带去的样品送给了部分居民。这些居民穿上鞋后感到松软舒适，走在路上他们再也不用担心扎脚了，于是纷纷向同伴们宣传穿鞋的好处。乙公司在岛上建立了皮鞋市场，狠狠赚了一笔。

显然，对于岛上的居民来说，他们对鞋子是有需求的，因为海边都是礁石很硌脚，还容易划伤脚，穿了鞋子后这种情况就可以避免。而且，岛上居民都没有穿鞋，这意味着市场需求非常旺盛。对于销售人员来说，这些居民就是最有价值的目标客户。

想要成功，销售人员不能只把重点放在产品上，而应该根据产品找到目标客户群，然后将产品的价值有效传达给客户。找到人、找对人，进行精准销售，这比抱着产品漫天游说有效百千倍。

不管你运用什么销售技巧，不管你拥有多好的口才，作为销售人员你都必须先找到自己的客户是哪类人，然后把这个客户群体定位成自己的潜在客户，实现精准营销。如此你的销售才能事半功倍！

你必须善于创造机会，让更多人知道你

许多销售人员都有一个疑惑：明明我比别人更有能力、更努力，为什么别人客源不断，而我却没人光顾呢？为什么他接触的客户并不多，业绩却很高，而我接触的客户不少，却没什么业绩？

问这个问题前，不妨先问问自己：你积极争取机会了吗？你给自己创造机会了吗？

我们必须承认一点，机会往往是稍纵即逝的，现在市场竞争激烈，你不能充分把握住销售机会，怎么能创造佳绩？同时，虽然潜在客户很多，成交机会无处不在，可你只等待客户上门，却不主动发掘客户，不主动创造与客户沟通的机会，又怎么赢得更好的业绩？

不妨看看下面这个小故事：

某公司招聘一个部门经理，经过人力资源部经理几次严酷的考核后，小李和小章两个人在众多求职者中脱颖而出。两人无论是在个人能力、工作经验，还是资历方面都很接近，但部门经理只有一个，人力资源经理不能下决定，准备请教总经理。

可就在这期间，小章主动给人力资源经理发了一个邮件，信中详细表达了他对这家公司的向往以及他为什么认为自己是合适人选的原因，此外还有一份关于未来部门经理需

要在公司哪些方面做出努力的报告。

　　看了小章的表现，总经理和人力资源经理一致决定聘用小章。原因很简单，因为他没有一味等待，而是主动出击，懂得抓住机会表现自己。当然，并不是说那位等待的人做错了，毕竟等待应聘公司通知是寻常的、大部分人都采用的方法。但是，通过这件事我们需要明白一个道理：在关键时刻，等待只会让你错失机会，主动出击，或许你会得到意想不到的结果。

　　换句话说，成交需要机会，但是机会并不会平白无故降临到你头上。与其羡慕别人，抱怨种种不公，不如让自己变得主动些。看到机会就马上行动，不放过一个成交的机会；若是没有机会，就勇敢地行动，积极为自己创造机会。虽然创造机会需尽百般功夫，但是你要相信功夫不负有心人的道理，只要你肯行动、有态度，那么就不愁没有业绩。

　　销售这一行，说是没什么门槛，谁都可以做，但真想做出成绩、做得出色，销售人员必须提升自身的观察能力、思维能力、应变能力和创造能力。聪明的销售人员知道，机会不是等来的，所以他们更善于利用自身的观察能力去发现、去挖掘，积极为自己创造别人没发现的机会。他们不论何时何地，只要遇到了人，就会立刻习惯性地把手伸进口袋里，然后掏出名片，送给对方。

　　乔·吉拉德便是如此，他时刻把名片带在身上，然后抓住每一个机会派发名片，发展潜在客户。

　　比如在餐馆吃饭结账时，他总是大方地多给一些小费，与此同时再放上两张名片；外出参加行业会议时，为了引起别人的注意力，他也不忘向在场的参会人员散发名片。就连看篮球比赛，他也会随身带着几万张名片，然后趁机把大把大把的名片向观众席上抛洒出去……

就是因为乔·吉拉德无时无刻不在创造机会，所以他的客户比任何人都多，他的业绩也无人能比。

向那些出色的销售人员学习吧！做一个积极主动的人，更多的机遇自然也会随之而来。

秉持客观公正，获得客户信任

这个世界上最难的两件事，一是把自己的思想装进别人的脑袋，一是把别人的钱装进自己的口袋里。如果把这两件事合在一起，那么难度就可想而知了，可销售做的就是这两件事。所以说，销售看起来简单，却并不是轻松的事情，更不是能轻易做得出色的事情。

那么，如何做到这两件事情呢？

其实，这两者的重点是前者，因为思想决定思维，思维决定行动。只要你能改变客户的想法，让他认同你的观点和产品，那么把他的钱放进你的口袋中自然就不在话下了。

问题是，每个人都有自己的想法和思维习惯以及逻辑圈，一旦想法和思维习惯根深蒂固就很难改变，一旦一个人进入某个逻

辑圈就很难被说服。即便他的观点是错误，即便你说的话再有道理，他都只会按照自己的判断和理论来思考，根本不理会你说了什么、说得是否有道理。也就是说，假设一个人进入自己的逻辑圈，他就会理所当然地认为自己的想法就是"真理"。

那么，是不是我们就无法说服他、无法让他改变想法？并非如此。唯一的办法就是，跳出他的逻辑圈，从一个全新的角度进行说服。

一位年轻的销售人员曾经向一家公司推销过一批电机，但在试用阶段，客户张经理非常不满意，在电话里吵着电机是伪劣的："你看看你提供的都是破烂东西，都能烫熟人皮，我不准备购买，你赶紧把这批电机搬走吧。"听到这个消息，销售人员赶忙跑到客户的车间检查，用手摸了一下电机外壳，感觉很烫手。冷静地考虑片刻，他对张经理说："张经理，我完全同意您的观点，如果电机发热过高，就是严重的质量问题，您说是吗？"

张经理有些恼火地回答："当然。"

销售人员接着说："您用手摸电机感觉发烫，这我绝对相信，我刚才也摸了一下，确实有些烫手，您一定看到了我摸电机的动作吧？"

"是的，我看到了。"张经理点点头。

"张经理，我想向您请教一下：是不是任何电机在工作时都会有一定程度的发热，但只要发热程度不超过电工协会规定的标准就可以？"

"是的。"张经理说。

"按照电工协会的标准，电机的温度可以比室内温度高出42℃，是这样吗？"

"是的，你想说明什么？"张经理有些不耐烦的反问。

"我刚刚看了车间里的温度计，这里的温度是26℃，对吧？"销售人员没有理会张经理的反问，继续着自己的问话。

"是的。"张经理回答。

"好的，张经理！车间的温度是26℃，电机的温度不用达到电工协会所规定的比室内温度高出42℃的峰值，只需要三十几度，就会感到烫手。请问，如果把您的手放在五六十度的水中，会不会觉得很烫呢？"

"这个……嗯……是的。"张经理支支吾吾的，但也只能同意对方的观点。

销售人员笑着对张经理说："那么，请您以后不要去摸电机了。我可以向您保证，我们的产品质量绝对没有问题，您可以放心。"

话已至此，张经理已经无话可说。

在张经理的逻辑里，电机发热就是质量就有问题，质量有问题就必须退货。如果销售人员顺着客户的逻辑往下走的话，那么根本没有说服他的可能。而销售人员之所以能说服张经理，是因为他没有和张经理硬碰硬地去探讨电机的质量，而是跳出了这种思维模式，采取了一种迂回策略。销售人员从任何电机都会发热、电工协会规定的发热程度标准出发，引导对方说出一连串的"是"，如此一来才逐渐打消对方抗争的念头，也促使对方开始

冷静地思考问题，从而实现了自己的目的。

在销售的过程中，我们需要打动客户，需要让客户接受我们的产品，可很多时候客户不接受我们的产品，并不是因为我们的能力不够或产品不好，而是没有改变客户原来的、固有的观念。想要成为出色的销售人员，我们就不能一味强调产品的品质，而是巧妙地改变客户的观点和想法。

比如，绝大部分人注重产品的物美价廉，若是你想要推荐给他品质高的产品，就必须在推销产品之前强调健康意识、环保观点、安全等问题，让客户明白只有注重自身的健康、生活品质才能"获益"更多。只有他接受你的观点，改变他的固有观念，你的销售才能成功。

所以，当面对难缠的客户时，与其一直在客户的逻辑圈里打转，不如跳出他的逻辑圈，从一个全新的角度进行说服。当然，想要跳出客户的逻辑圈，销售人员必须洞悉他们当前的态度和想法，并且站在客观的角度，不能企图用歪理邪说哄骗客户，否则只能适得其反。

你只有改变客户固有的想法，那么他才会成为你忠实的拥趸。

哪里有难题，哪里就有机会

很多销售人员感觉现在市场竞争激烈，很难找到很好的销售机会，很难找到一个有强烈需求的客户。可事实上，商机无处不在，找不到客户、做不出业绩是因为缺少发现商机的眼光。

销售是一个主动满足客户需求，帮客户克服困难、解决问题、排除障碍的一个职业。普通销售人员只看到客户的难缠、机会的难寻，而聪明的销售人员却可以从中看到商机，把这些商机转化为财富。

他们明白一个道理：哪里有问题，哪里就有机会。所以，在销售的过程中他们从来不抱怨，而是让自己慢下来，耐心地探寻一下客户的麻烦和难题，如客户有什么烦恼事儿、办不了的难事、不方便的地方等等，然后从中发掘市场及推销的绝好机会。

郑琦是某综合展厅的展位销售人员，前段时间他苦闷极了，因为尽管他非常努力地推荐展位，态度也热情诚恳，可效果并不算好，遭到了绝大部分客户的拒绝。没有客户使用展位，工资自然涨不上去，这日子怎么过？经过思考之后，郑琦决定改变销售策略。

这一天，郑琦联系到某服装厂的负责人刘经理，开门见山地说："刘经理，您好！我是××综合展厅的销售，请问贵公司有招聘的需要吗？"

刘经理："有的，我们需要招一个电工。"

郑琦："那要不要考虑来参加我们本周六的综合招聘会？我们的招聘会规模不小，有上千名应聘者前来参加，相信您定能招到自己满意的人员。而且我们价格很实惠，每个展位只需200元。"

刘经理毫不犹豫地拒绝说："不好意思，虽然这个职务我们招了一个月也没招到，但老板也没提这个事，也不着急，所以暂时不需要，谢谢。"

　　若是以往郑琦肯定会说："好的，那您有需要时再给我电话好吗？"但这次他却说道："刘经理，老板没提这个事可能是因为他事情太多没注意到这个问题。但您想到没有，万一在电工没到位这段时间，工厂的电器或电路发生问题该怎么办呢？一停电，机器设备都没法正常运转了，影响的是生产效率啊。"

　　听了郑琦的话，刘经理一阵沉默，显然他已经开始思考这个问题。

　　郑琦趁热打铁地说："我了解，您的工作一向做得很棒，老板也非常认可。但很多事情不怕一万，就怕万一。老板们最在乎的是什么？利润！如果因为电工不到位，导致生产效率降低了，那老板肯定是会不高兴的。您为这家公司也付出了很多，如果因为一件小事情而受到影响，肯定划不来，建议您尽快把这个电工招到位。"

　　刘经理显然不想看到这样的情形，便立即说："你说的好像有点道理，那就帮我预留本周六的一个招聘展位吧。"

　　为什么郑琦成功说服了刘经理？因为他发现了客户的问题，并且给客户这样的感觉：我不是推销展位，而是为你解决难题和问题。若是这个问题不解决，恐怕会变得严重，影响你的职场生涯。如此一来，刘经理怎么会不被说服？

　　所以，销售的过程中，千万不要一味围绕着自己的产品做文章，而是思考如何把重点放在客户身上。因为客户不会关注你的产品有多好，只会关注你的产品是否给他带来好处、是否能帮他解决问题。

来看看那些聪明人是如何解决客户的问题的：

索尼创始人井深大喜欢听歌剧，只要一有空暇，他随时随地都想听上一段，但一直提着录音机，实在太不方便了，他便和同公司的盛田昭夫抱怨自己的烦恼。盛田昭夫为了解决这个问题，发明了一款名为"Walk man"的超小型放音机，赢得了无数客户的喜欢，也改变了人们听音乐的方法。

葡萄酒的储藏很讲究，通常是恒温（温度最好是6℃-18℃）、恒湿（湿度应保持在60%-70%）、无震动，这样苛刻的存放条件一直令欧洲人头疼。海尔针对这个难题，设计了一款独立式新型酒柜，即"飘威酒柜"，用户可以自行设定温度，并保持恒温、恒湿。该酒柜一上市便深受欧洲人的欢迎，迅速占领全球酒柜市场。

再看看下面这个发生在我们身边的案例：

相邻的两家饭店，无论就餐环境、收费标准，还是食材口味都是旗鼓相当的，经营状况却截然不同。第一家饭店生意萧条，贴着转让的信息，而第二家饭店生意好得火爆，还扩大了店面。

为什么如此不同呢？关键在于后者能发现客户的问题，并且积极为客户解决问题。

我们都知道，不管是一家人吃饭还是朋友聚餐都免不了带孩子，而孩子天性活泼、坐不住——一会儿要上厕所，一会儿想玩玩具……既无法让大人安心吃饭，又影响其他人进

餐，让大人头疼不已。第一家饭店的服务员只是一遍遍提醒"请管好您的孩子"，甚至还会时不时摆出不耐烦的冷脸，给客户不好的感受。

一次，一家人带着一个四岁小男孩到第一家饭店吃饭，吃完饭之后，小男孩就自己一个人跑来跑去，洗手、上厕所、晃椅子玩……尽管家长多次提醒和教育，孩子还是有些淘气。这时候家长也非常烦躁，想要早点吃完饭，好好地管束孩子。

谁知，这里的服务员竟多次拉着脸责问家长："请看好您的孩子，否则出了问题谁负责呢？""您就不能看好自己的孩子吗？出了问题，我们可承担不起！"这让家长非常反感，因为他们已经尽力管教自己的孩子了。

而第二家饭店就大不相同了。看到有带孩子的客户进门，立即为孩子准备儿童座椅，还会很亲切地夸赞小朋友活泼可爱。而且，这家饭店还特意在角落开辟出一个带护栏的儿童游乐区，安排专人协助看护孩子。如此一来，孩子们玩得高兴了，大人们也能安静就餐了，大人孩子都愿意再次光临。

可以说，成功的销售，起点都在于对客户麻烦和难题的关注。所以，作为销售人员，与其抱怨没有机会和客户，不如积极寻找客户的麻烦和难题，了解客户真正需要的是什么。不要怕麻烦，不要怕难题，因为哪里有麻烦和难题，哪里就有客户的需求。当你积极解决掉客户的麻烦和难题，迎合了客户的需求，就会抓住无限商机，大大提升业绩。

锲而不舍，战胜拒绝

"销售始于被拒绝时"是推销人员的始祖——雷德的名言。的确，不管多聪明的销售人员都遭到过客户的拒绝，不管多好的产品和服务都有可能遭到客户的拒绝。作为销售人员与客户打交道的开始就应该做好被拒绝的打算，然后想办法战胜拒绝。

可很多销售人员害怕拒绝，没有勇气战胜客户的拒绝。或是因为自尊心太强、面薄心软，经不住客户拒绝的打击；或是因为没有耐心，一遭到拒绝就马上放弃。殊不知就是因为如此，他们失去了一次次大好机会。

要知道，只顾"面子"，只会让人显得脆弱和不堪一击；轻言放弃，最终只能一事无成。拒绝，是客户面对销售人员的第一反应，试想若是一个陌生人向你推荐产品，你会轻易地接受吗？你对销售人员和他的产品了解并不多，你会轻易地购买吗？你对这件产品暂时没有需求，你会产生购买动机吗？

答案显而易见。所以，想要提升业绩，就不要害怕客户的拒绝，想办法化解客户的拒绝才是最好选择。当然，最重要的一点就是有耐心、能坚持，有时脸皮不妨厚一点，碰个钉子，脸不红心不跳，不气不恼，依然要心平气和地陈述你的观点，只要还有一丝希望就要全力争取。

所有销售冠军都是拜访客户的冠军，1次不行？3次还不行？好吧，再试10次行不？这一点销售员李飞做得非常好。

有一次李飞登门拜访客户时，遇到一位干练的女办公室主任，他本以为女同志应该好说话，可没想到碰到个硬钉子。当李飞刚说明来意，这位主任就一口回绝了他，说已与另一家企业达成口头协议。接下来无论李飞怎么说，这个主任就是不同意用他的产品，并婉转地下了逐客令。

李飞感到很沮丧，但是他并没有放弃，而是收集了对方的详细资料，以便进一步说服。过了几天，李飞再一次登门拜访。这次，这个主任的态度非常生硬，说："你不要再来了，我们不会订购你们的产品！"说完，托词有事要办，转身就走了。

李飞也是个倔脾气，越是难缠的客户就越激起他的斗志。他心想，客户之所以拒绝我，是因为我没有展现自己的诚意和产品的优势，我不信凭借我的优势拿不下这个客户。接下来，李飞通过各种渠道摸清了这位办公室主任的性格爱好，又找了熟人搭桥拉线。

当李飞第三次登门拜访时，这位主任终于有了笑容，她感慨地说："我真佩服你了，过去好多人来联系，吃了闭门羹，就再也不来了，可你与他们不同。就冲你的服务态度和诚意也应该买你的产品。不过，我们现在真的不需要，这样吧，以后有需要就找你。"

李飞听后表示了感谢，接着根据对这位主任的性格爱好的了解，与她聊了起来。他们谈公司，谈人际，谈想法，建立起了很好的友谊。这时候，李飞的耐磨性初步有了效果，因为他已经让客户认识到自己是一个专业的、坚持而做事全面的人，为以后的合作打下了基础。

可是这并没有马上促成双方的合作，而后的一段时间里李飞总是每隔几天就会找一个理由给这位主任打过电话，或亲自拜访一下。这种坚持，让这位主任很感动，她说："你是我见过的最耐磨的人了。"两个月后，这位女主任主动打电话给李飞，说以前给她们供货的那个经销商现在没有了她要的一个型号，问他是否能提供产品。功夫不负有心人，李飞终于拿下了这个客户。

只要你不怕拒绝，做好了"死缠烂打"的准备，那么就可以搞定客户。作为销售人员需要有耐心和不屈不挠的精神，多接触客户、多拜访客户，让对方能够更多地认识你、了解你、接纳你。在这个过程中，你要做好长期作战的心理准备，还要善于采取积极的行为影响对方、感化对方，把客户的拒绝转变为接受。

此时最恰当的做法是沉得住气，态度要诚恳，语气要平和，并以足够的耐心摆出一副与客户"打持久战"的架势。只要你具备顽强的奋斗精神，不因客户的拒绝一蹶不振、垂头丧气，坦然接受客户的拒绝，并且把每一次拒绝作为一个新的开始，积极寻求解决问题的方法，那么成功就不远了。来看看著名推销员乔·库尔曼是如何做的：

一次，乔·库尔曼从朋友那里得到消息，说纽约一个制造商正寻找合适的保险公司，想为自己买一份金额是25万美元的财产保险。听到这个消息，库尔曼立即请这位朋友帮他安排一次会面的机会。

三天后，他与客户博恩先生见了面，博恩先生先发制

人："你好，库尔曼先生，请坐。真不好意思，我想你这一次白跑一趟了。"

"为什么这么说呢？"听到这话，库尔曼有些意外，但并不感到沮丧。

博恩先生坦率地说："我已经把我想投保财产保险的计划送交给了一些保险公司，它们都是纽约比较大而且很有名气的公司，其中三个保险公司是我朋友开的，并且有一个公司的老总还是我最好的朋友，我们经常会在周末一起打高尔夫球，他们的公司无论规模还是形象都是一流的。"

"没错，这几家公司的确很优秀，像这样的公司在世界上都是不多见的。"库尔曼看了看这些文件说。

博恩先生说："情况大致就是如此，库尔曼先生。我今年是46岁，假如你仍要坚持向我提供人寿保险的方案，你可以按我的年龄，做一个25万美元的方案并把它寄给我，我想我会和那些已有的方案做一个比较加以考虑的。如果你的方案能让我满意，而且价格又低的话，那么就是你了。不过我想，你如果这样做很可能是在浪费我的时间，同时也是在浪费你的时间。希望你慎重考虑。"

一般情况下，推销员听到这些会就此放弃，但库尔曼却没有。他继续说："博恩先生，如果您相信我，那么我就对您说真话。我是做保险这一行的，如果您是我的亲兄弟，我会让您赶快把那些所谓的方案扔进废纸篓里去。"

库尔曼停了一会儿，继续说："只有真正的保险统计员才能明白无误地了解那些投保方案，而一个合格的保险统计员大概要学习7年左右的时间，假如您现在选择的保险公司价格低廉，那么，5年后，价格最高的公司就可能是它，这是历史发展的规律，也是经济发展的必然趋势。没错，这些公司都是世界上最好的保险公司，可您现在还没有做出决定，博恩先生，如果您能给我一次机会，我将帮助您在这些最好的公司里做出满意的选择，我可以问您一些问题吗？"

博恩先生点点头，说："当然可以！"

库尔曼说："在您的事业蒸蒸日上的时候，您可以信任那些公司，可假如有一天您离开了这个世界，您的公司就不一定像您这样信任他们，难道不是吗？"

博恩先生回答："对，有这个可能性。"

库尔曼说："那么我是不是可以这样想，当您申请的这个保险生效时，您的生命财产安全也就转移到了保险公司一方？可以想象一下，如果有一天，您半夜醒来，突然想到您的保险昨天就到期了，那么，您第二天早晨的第一件事，是不是会立即打电话给您的保险经纪人，要求继续交纳保险费？"

博恩先生回答："当然了！"

"可是，您只打算购买财产保险而没有购买人寿保险，难道您不觉得人的生命是第一位的，应该把它的风险降到最低吗？"库尔曼问道。

博恩先生说："这个我还没有认真考虑过，但是我想我会很快考虑的。"

库尔曼继续问："如果您没有购买这样的人寿保险，我觉得您的经济损失是无可估量的，同时也影响了您的很多生意。今天早上我已和纽约著名的卡克雷勒医生约好了，他

所做的体检结果是所有保险公司都认可的。只有他的检验结果才能适用于25万美元的保险单。"

博恩先生感到有些惊讶，问道："其他保险代理不能做这些吗？"

库尔曼回答："当然，但我想今天早晨他们是不可以了。博恩先生，您应该很清楚地认识到这次体检的重要性，虽然其他保险代理也可以做，但那样会耽搁您很多时间，您想一下，当医院知道检查的结果要冒25万美元的风险时，他们就会做第二次具有权威性的检查，这意味着时间在一天天拖延，您干吗要这样拖延一周，哪怕是一天呢？"

"我想我还是再考虑一下吧！"博恩先生开始犹豫了。

库尔曼继续说道："博恩先生，假如您明天觉得身体不舒服，比如说喉咙痛或者感冒的话，那么，就得休息至少一个星期，等到完全康复再去检查，保险公司就会因为您的这个小小的病史而附加一个条件，即观察三四个月，以便证明您的病症是急性还是慢性，这样一来您还得等下去，直到进行最后的检查，博恩先生，您说我的话有道理吗？"

"博恩先生，现在是11点10分，如果我们现在出发去检查身体，您和卡克雷勒先生11点30分的约会还不至于耽误。您今天的状态非常不错，如果体检也没什么问题，您所购买的保险将在48小时后生效。我相信您现在的感觉一定很好。"

就这样，库尔曼说服了博恩先生，做成了这笔大生意。

所以说，锲而不舍是打动客户的法宝，当你的销售受到拒绝、陷入僵局时，不要气恼、放弃，不要因为担心面子受损。有足够的勇气和耐心，巧妙地"死缠烂打"才能牢牢抓住机会。

当然，"死缠烂打"不是消极的耗时间，更不是和客户耍无赖，否则只能让客户对你产生厌烦。

丰盈的人脉，就是取之不尽的客户资源

中国有句俗话："一个篱笆三个桩，一个好汉三个帮。"道理很简单，就是无论是谁，要想做成大事都离不开别人的支持与帮助，都需要建立一定的人脉基础。这句话在销售领域同样适用。

人脉就好比金矿，销售人员必须要具备一定的人脉圈子，如此才能更快地与客户建立关系。不仅仅包括老客户，还包括你身边的父母兄弟、亲戚朋友、同事邻居都可以成为你的人脉资源，为你拉线搭桥，从而形成一个庞大的客户资源网。

德国巴黎市区的一位烤肉店的老板，一直希望和自己喜欢的美国好莱坞影星马龙·白兰度坐下来聊聊天，他强调的是"希望"，因为这是不可能的事情，因为白兰度和他素不相识。不过，一家德国报纸得知这一消息后，决定帮助这位老板圆梦。

很多人觉得这是一件不可能完成的事情，但几个月后，报社不仅帮助烤肉店的老板与马龙·白兰度真的坐在一起喝茶、聊天了，而且他们还发现，马龙·白兰度与烤肉店老

板，两个人之间只经过不超过6个人的私交，就可以联系在一起了！

原来，烤肉店老板有一个朋友住在美国加州，刚好这个朋友的同事是电影《这个男人有点色》的制作人的女儿的密友的男朋友，而马龙·白兰度恰恰主演了这部片子。

看到这里，你是不是感觉非常神奇！没错，这个世界就是这么小！这也说明了一个理论：我们地球上的所有人，从某种意义上来说都可以通过个人的关系网联系起来——任意两个人之间的最短距离都不超过6个人。

这个世界就是一张巨大的网，每一个人就是网上的一个节点。如果你以自己为中心，把周围的人按照亲疏远近来画圈：最里面一圈是父母、兄弟、姐妹，稍外一圈是亲朋好友，再外一圈是邻居、同事、熟人，最外一圈是一些素不相识的人。你会发现你和素不相识的客户的距离并不远，而且一旦你把人脉圈子建立起来，就能够为自己创造更多的资源和机会。

所以，不要觉得客户不好找，不要觉得潜在客户离我们很远。事实上，只要你积极搭建关系网，世界上每个角落的人都有可能成为你的客户，甚至是朋友。

明白了这些，你就赶快开始吧。不管你从事什么行业，不管你身处哪里，积极建立人脉圈，就可以让业绩突飞猛进。当然，建立人脉圈有一定的技巧，你可以多参加聚会、组织，可以发放名片，可以通过亲朋好友介绍……

哈维·麦凯就是通过参加某一组织来扩展人脉资源的。

哈维·麦凯从大学毕业后开始找工作，雄心勃勃的他面试接连失败，这给了他不小的打击。哈维的父亲是一位记者，他认识一些政商两界的重要人物，其中有一位叫查理·沃德，是全世界最大的月历卡片制造公司的董事长。

靠着父亲的人脉关系，哈维在沃德的信封公司谋得了一个卖信封的职位。很快，哈维熟悉了经营信封业的流程，懂得了操作模式，学会了推销的技巧，可是他认识的人太少了，销售业绩并不好，收入自然非常低微。更不幸的是，他的家庭发生变故，陷入了艰难的境地。

怎样能扩展人脉，提升业绩呢？苦思冥想之后，哈维准备加入明尼亚波里斯市的一个业绩不太好的乡村俱乐部，这个俱乐部有三百多名会员，是不错的客户资源。拿定主意后，哈维只身拜见了俱乐部的主席，请求对方允许自己免费加入。

他真诚地说："亲爱的主席先生，我会打高尔夫球，我曾经赢得过两次市冠军，而且还是州立高中竞赛的亚军。希望我的加入能为俱乐部的发展带来更好的契机，比如帮助俱乐部赢得市联盟冠军赛，让俱乐部的口碑和身价迅速提升，并获得更多的收入，请您给我一个机会！"

一个只有22岁、寂寂无闻的小伙子，能让俱乐部扭转局面吗？俱乐部主席抱怀疑的态度，可是情况不能再坏了，为什么不尝试一下？所以，俱乐部主席决定让他尝试一下。哈维是有实力的，他不仅积极地为比赛做准备，还专门研究了对手的比赛风格，统筹俱乐部的作战计划，最终帮助俱乐部赢得了那场冠军赛，也成功地赢得了所有会员的喜爱。

结果证明，这300多个会员绝大部分都成了哈维的客户，并且在他之后的事业中起到了关键的作用。

现在你认识到人脉的重要性了吧！人脉越宽，人脉越广，你的销售机会就会越多，业绩也就越突出。积极开发人脉资源，不断累积客户人脉吧！当你建立庞大、健全的人脉圈，财富自然主动向你走来。

一个客户替你美言，让口碑带动销售

现在淘宝店主、京东卖家、美团商家等电商都非常重视买家评价，为了获得客户好评不惜绞尽脑汁，送礼品、给优惠、热情服务，还会加上一个"亲，麻烦给个好评。"

为什么如此呢？

这是因为自己说自己产品好，是夸耀；别人说你好，才是真的好。一个客户的好评，胜过商家的千言万语。一个客户的美言，胜过一大篇的产品介绍。不妨看看以下两位销售人员在销售描述，你更倾向于信任哪一个？

销售人员甲："我们这种机器性能好、消耗小、易操作，可以大大地提高贵公司的生产效率。用户们都一致好评，我们的订货量与日俱增。"

销售人员乙："我很乐意向你展示一下以往客户发来的感谢信，这封信来自××钢铁厂。他们向我们反映：

我们的机器运转十分快、操作很简单、安全性能好，不仅有效降低人力成本，生产效率还比过去提高了35%。现在，该厂又追加订货10台，并表示将与我们建立长期合作关系。"

显而易见，后者比前者更具有说服力。前者虽然介绍了产品的优势，但是只是自说自话，没有其他客户案例的支持。即便他说的是事实，客户也会以为他是"老王卖瓜，自卖自夸"。而后者就不一样了，他引用了一个真实的用户案例，借用客户的嘴来说明产品的优势，而且提供了明确数据，因此很容易让人信服。

很多聪明的销售人员都深谙这个道理，在与客户沟通的时候会搬出其他老客户的例子，用他们的嘴说出自己想说的话。比如，他们在阐述完产品信息之后会说，"之前有一个客户买我们的商品，觉得很满意……""我刚收到一个客户的反馈……""你们经理也买我们的产品，是我们的老客户了""某位顾客没有购买我们的产品，结果没多久就后悔了"。

其实，这种心理很好理解。绝大部分客户会认为：买过产品的人已为它付出金钱，已经见证了产品的价值。他之所以说产品好，是因为他觉得这些付出是相当值得的，让自己得到了应有的回报。正因为产品有了见证，才降低了客户心中对风险的恐惧，打消了他内心的疑虑，进而相信这个产品是真的好。

换个角度，若是销售人员告诉你某商品很棒，你可能会持怀疑态度，可若是某个朋友跟你说这个商品很棒，那么你就会深信不疑。

所以，销售人员应该学聪明些，在说服客户的时候，不要强迫你的客户"认可"你的产品，不要一味和客户强调你的产品多么好、多么高端、多么有价值，而是应该拿出具体的事例，让其他客户站出来为你说话。

一家小食店的老板就非常聪明，虽然他的店面积不大，可每天生意却非常火爆。来看看他店里的情形：

一进店，我们就可以看到甬道的一面墙上贴满了小纸条和照片。原来每一位在这里吃饭的客户，都可以免费领取一张便签条，写下自己想要留下的话，不论是品尝美食的感受还是自己的心情，然后可以贴在甬道的墙面上。

上面的文字很丰富，包括"掌柜人不错、服务很热情""东西很满意，祝生意兴隆""每隔一段时间就会来，想念这里的味道""店不大，但是味道非常不错"……老板还会邀请愿意拍照的客户合影，并且给他们一些特制的小酱菜。几乎所有照片的客户都开心地笑着，洋溢着欢乐的气氛。

别人问他为什么这样做时，老板笑着说："这看起来似乎有点俗气，但当我把这些便条、照片用于推销时，却具有很强的感染力。当客户质疑我们的食物时，我就会指着墙上的这些纸条和照片给他们看，然后再讲述其中一位客户的故事。就这样，我赢得了许多新顾客的信任，并且让越来越多人喜欢我的小店。"

我们说，任何交易都是建立在双方信任的基础上，信任越强，购买的机会就越大，如果没有信任就不会有成交。你要让客户不但看到、听到，还要真实地感觉到你的产品有多好。聪明地让客户见证你的产品，评价你的产品，这些比你滔滔不绝地说更有效。

同时，让客户做见证的时候，我们还要试着将图片、文字、视频等结合起来，因为图片更能引起潜在客户的注意，文字和视频则能触动他们内心的情感。

总之，一个客户替你美言，胜过你自己的千言万语。当然，你的事例必须是真实的，你的陈述必须是客观的，否则只能是适得其反。

第三章
你要怎么约，
客户才不忍拒绝

约见客户，是销售人员必须迈出的第一步，也是必须成功的重要一步。如果你连这一步都搞不定，连客户的面都碰不到，又何谈销售成功呢？所以，销售人员必须开动脑筋，了解并利用客户的心理，让他们不好意思拒绝你的邀请。

电话约见：未见其人，先送其"礼"

电话约见，是销售的第一步。如果你搞不定这一步，那么连客户的面都碰不到，又何谈销售的成功呢？所以，在电话约见的时候，销售人员必须掌握说话的技巧，尽快赢得客户的喜欢，为接下来的工作打好基础。

那么，如何通过电话成功约到客户呢？关键的一点，你需要巧妙地给客户送"礼"，这个"礼"并不是礼物，而是礼貌。

一个人说话被彬彬有礼，态度温和谦虚，不管是面对面沟通还是电话沟通都可以给对方一个好印象，迅速赢得客户的喜欢。所以，面对陌生的客人，销售人员不仅应该注意说话的礼仪，多说"您""您好""谢谢""打扰了""非常荣幸"等礼貌用语，还应该语气和气，态度热情。

比如，电话约见，少不了自我介绍，成功地自我介绍不仅体现你的口才，更能够让客户产生好感。所以，销售人员在自我介绍时应该注意礼貌，可以这样说："先生您好，我是××公司的销售人员，我们公司最近推出了一系列新产品，请问您有兴趣吗？"或是："先生您好，我们是××公司。请问，您现在有时间吗？"即便对方不需要你的产品，或是暂时没有需要，也不会冷酷地打断你。

再比如，由于客户见不到你的人，只能听到你的声音，你的声音是他了解你的唯一途径。这就需要让自己的声音显得更动

听、真诚，如此才能感染对方，成功地约见客户。若是你的声音像冰冷的机器一般，没有半点感情，那么客户就会产生反感，不愿意和你多说一句话。

年轻的销售人员李红就非常注重电话沟通的礼貌，给客户打电话的时候总是坐姿端正，态度亲切，并且用最动听的声音说出自己的名字和公司。不管她多疲惫，声音都非常清脆，态度都非常亲切热情，而且面带微笑地说："先生您好，我们是××公司""不好意思，打扰您了""先生，非常高兴您给我这个机会……"

同事们见此，取笑她说："你真是太傻了！那些客户一听我们是销售，就冷酷地拒绝，甚至口出恶言，你怎么还这样说话？""你每次都这样打电话，难道就不累吗？""客户根本不知道你是谁，你何必面带微笑！"

李红却认真地说："虽然客户不知道我是谁，可是我代表着公司的形象，必须对客户礼貌有加。而且第一印象是最重要的，我不能做到礼貌、热情，如何赢得客户的信任？"

事情确实如此，李红虽然资历比较浅，可是约见客户的成功率非常高，业绩也非常好。很多约见成功的客户在见到她后都会坦言，说被她电话中的彬彬有礼所打动了，说她这样说话的人肯定是值得信任的。

李红的主管领导也说，在面试的时候就是看中了这一点，所以才录取了她。虽然李红看上去并不像一名市场销售人员，口才没有其他人那么好，可是她始终面带微笑，说话彬彬有礼。

可见，电话约见说难也难，说简单也简单。如果你不会说话、不懂得礼仪，那么就会遭到冷冰冰的拒绝，甚至被无情地挂断电话。可是如果你掌握说话的技巧，时刻保持礼貌、谦虚的态度，以及动听的声音，就可以让客户心甘情愿地腾出时间与你见面。

当然，想要轻松地约见客户，销售人员不仅要懂得说话的礼貌，还应该学会社交的礼仪，比如打电话的时机等。不妨先看看下面的这个例子：

李凯刚做销售的时候，工作非常认真热情，富有激情。一拿到客户名单，他立即就会投入工作，给那些潜在客户打电话。可结果并不如他预想的那样，虽然他每天都打几十个电话，却很少有人答应见面，甚至有些人非常不耐烦地挂掉了电话。

几天后，李凯把自己的问题说给了主管听，并且迷惑地问："主管，我不明白。在打电话的时候，我已经非常礼貌、热情了，为什么还约不到客户呢？难道是我的方法有问题？还是我的话术掌握得不好？"

主管问了李凯一个问题，"你都是什么时候打电话的？"

李凯说："我每天早上7点就来公司了，一到公司就开始打电话，而且有时午饭都来不及吃。这几天，我一整天都没有偷懒，有时会工作到晚上9点多。"

主管笑着说："这就是你的问题了。你可以早起、不休

息，甚至是晚上加班，可是客户难道也会这样吗？人家正在吃早饭、开车、休息，或是与家人一同看电视，你却在这个时候打扰人家，换作你自己，你愿意吗？"

随后，主管停顿了一会儿，说道："在不恰当的时候打扰客户，就是不礼貌的行为。这是销售礼仪中的一大忌讳。"

直到这时，李凯才知道自己错在了哪里，之后他改正了自己的工作方式。每天早上和中午的空闲时间，他都会抓紧时间整理客户资料，或是熟悉产品知识，等到早上9点半到11点或下午2点到5点之间再电话约见客户。果然，他的约见效率提高了很多，业绩也提升得非常快。

聪明的销售人员是不会忽视电话约见礼仪的，因为这是约见成功的必要保证。如果你不注重礼仪，你的约见就会被视为打扰、骚扰，让客户厌烦不已。

除了打电话的时机，销售人员还需要注意一些礼仪细节，比如不耽误客户太长时间；学会倾听，不要打断客户的话；不要一上来就滔滔不绝，不给客户思考和反应的时间；给客户恰当的回应，不要让客户自说自话……

总之，电话约见的过程中，销售人员不仅要展示自己的口才、产品的优势，更要表现出自己的彬彬有礼。否则即便你口才再好，业务能力再强，也难以达成见面的目的。

开口一两句，就吸引对方听下去

很多销售人员都遇到类似的情况：还没说几句话就被客户拒绝，"不好意思，现在有点忙""不好意思，我不需要你的产品"，甚至被粗暴地直接挂断电话。

难道真的是客户难搞吗？其实并不完全是，销售人员之所以被拒绝或被挂断电话，是因为没能在最短时间内吸引客户，说出让客户感兴趣的话。

有专家研究显示，若是销售人员不能在30秒甚至15秒内打动客户，那么接下来客户就会失去耐心，不再愿意听下去。换句话说，销售人员想要约见成功，就必须在30秒甚至15秒内吸引客户的注意力，激起客户听下去的欲望。

想要做到这一点，销售人员在打电话时，就必须有个漂亮的开场白——抓住电话打通后的前10秒，进行巧妙的自我介绍，可以用热情而客气的问候语感染对方，可以用有新意、幽默的自我介绍，也可以先恭维对方一番。

比如，"××经理，您好。我是某某公司的某某，能不能耽误您几分钟？我想跟您介绍一下我们公司推出的新产品。"这样的开场白简直太老套了，虽然没有什么问题，但却也没什么新意，让人听了索然无味。

换一个幽默些的开场白，结果就会大大不同。"××经理，我是某某公司的某某。您终于接了我的电话，我等得花儿都谢了。"这时候，对方或许就会被你的幽默所感染，并且产生一些

愧疚之情。

再比如，"您好，我是某某公司的某某，您现在方便接电话吗？"客户很可能直接回答说："我现在有点事，不方便。"然后就挂断了电话。

适当地恭维一下客户，对方就会心花怒放，对你产生好感。"××经理，我知道您的公司比较大，业务比较繁忙。不过，我不会花太多的时间打扰您的。"

一个漂亮的开场白是你成功约见的第一步。但是这一步成功了并不代表你的约见会成功，若是接下来的十几秒内，你不能吸引客户的注意力，说出让客户感兴趣的话题，那么结果还是失败。

销售人员必须简明扼要地介绍产品的优势、特点，告诉客户你能给他带来什么好处。比如，"引进这个设备，你的生产效率会提高50%……""如果我的产品能让您的废品率降低10%，您是否有兴趣呢？"

小方是一款节能灯的销售人员，虽然他打电话的次数没有其他同事多，但是业绩却比其他人多很多。

每次给客户打电话，小方都会直截了当地说："您好，我是某某节能灯的销售人员，我手里有一款新产品，能够帮您将电费减少一半，不知道您有兴趣了解吗？"利用这样的方式，他总是能够引起对方的兴趣，轻易地约见客户。

当客户产生兴趣之后，小方还会继续说："既然您对我们的产品有兴趣，那我可以拿着样品去上门拜访。不知道您什么时候有时间？"或是"我们可以约见一面，我给您带一个样品，让您体验一下，可以吗？"

　　小方没有一句废话，直接告诉了客户能够获得的好处，客户自然就不会轻易地拒绝他了。

　　当然，销售人员的目的是约见客户，与客户面对面地沟通。所以，千万不要妄想在电话中全面地介绍产品，一是你没有这个时间，二是需要给客户留悬念。合理地抛出产品的某些特性，然后留一些悬念，可以让客户急于想知道更多的产品信息，更愿意与你见面商谈。

　　另外，销售人员还需要在打电话前多了解客户信息，事先准备好客户最关心的话题，以吸引客户的注意。销售人员小侯就是利用这一方法，拿下了一个大客户。

　　小侯是一家大型空调销售商的销售人员，想向一家企业推销设备。事先他了解到这家公司和另外一家公司有竞争关系，并且目前正在抢占市场。

　　他立即和这家公司的负责人联系，可听完对方的自我介绍之后，负责人就毫不留情地说："不好意思，我们现在暂时不需要空调。我现在还有急事要处理，就这样吧。"

　　小侯立即说："范总，我们去过某某公司，您应该听说过，这家公司的生产环境和生产效率都是业内领先的。而他们的车间使用的就是我们公司生产的空调，您难道不想了解一下吗？"

　　这句话瞬间吸引了对方的注意力，让他打消了挂断电话的想法。小侯继续说："您知道，企业想要占领市场，产品

是首要的。为什么某某公司产品比贵公司占据优势？为什么你们的技术不相上下，生产效率和生产质量却存在差距呢？或许就是因为贵公司的空调制冷效果不佳，导致设备散热出现问题，影响了生产效率。而且空调制冷不好，还会导致车间环境不好、员工的工作积极性减弱等。您说呢？"

这番话恰好说到客户心坎里，于是很爽快地答应和小侯见面。可见，作为销售人员小侯非常聪明，用一句话就彻底扭转了局面，让客户对自己的产品产生了浓厚的兴趣。关键就在于他事先就做好了准备，找到了客户最关心的话题。

所以，电话约见并不简单，它需要一定的沟通技巧，更需要销售人员了解和抓住客户的心理。想要成功约见，那就锻炼好自己的说话技巧，学会巧妙地和客户说话吧！

说话"好听"，更易引起心理认同

很多人喜欢听音乐，因为音乐悦耳、歌声清脆，能给人心旷神怡的感觉。其实，说话也是如此，我们的声音就像是音乐一样，能够渗进客户的心中，达到说服的目的。

如果和你说话的人声音动听悦耳，吐字清晰自然，你便会愿意和他多说话。可如果和你说话的人声音尖锐刺耳，或是沙哑，吐字混沌不清，那你就会觉得和他说话是煎熬，恨不得早点儿离开。

尤其是电话销售中，你见不到对面的人，不知道他长得如何，不知道他性格如何，声音是你给他的第一印象，也是唯一的了解途径。若是销售人员的声音不动听，客户很可能会毫不犹豫地挂掉电话。

所以，作为销售人员在通过电话与客户沟通时，一定要做到发音准确，吐字清晰；声音洪亮清越，铿锵有力，悦耳动听；声音优美、动听，这样一来，客户才能产生爽心悦耳的感觉，有继续和你交流下去的欲望。

同时，想要声音变得更动听，销售人员不能用做作的声音和客户说话，也不能让自己的声音显得呆板冰冷，没有丝毫的感情。要知道，没有感情的话语就像是机器说话一般，即便再动听也无法让人产生共鸣，无法打动他人的心灵。

销售人员还应该注意语气的变化，知道什么时候应该用严肃的语气，什么时候用轻松的语气，什么时候要提高音量，什么时候应该降低音量。因为语气的变化可以表现不同的情感，呈现不同的效果。

比如，在闲谈的时候，用轻松的语气，让声音变得轻柔一些，显得亲近自然；介绍产品的时候，用认真严肃的语言，显得更专业、认真；强调的时候，提高音量、加重语气，可以引起对方的注意和重视……来看看卡耐基是如何做的：

　　卡耐基在创业之前曾经做过一段时间的某语言培训学校的销售。课程内容说起来会让人感觉冷门，但是这难不倒他。有一次，他就把这个课程卖给了在路上偶然遇到的一名工人。

　　这一天，卡耐基出门寻找客户，可花费了很长时间都没

有什么收获。到了中午的时候，他决定先回家吃个午饭，下午再继续工作。就在离家不远的地方，他看到一名工人正在一根电线杆上忙碌着，显然是在维修电路。路过这位工人的时候，卡耐基不禁放慢了脚步。

恰好，那名工人一个不小心把手里的工具掉到了地上。卡耐基顺手帮助工人把工具捡了起来，当工人客气地向他表示感谢时，卡耐基不在意地摆了摆手。随后，他还和那名工人攀谈起来，用关心的口吻说："朋友，你这个工作看起来真不容易，真是辛苦又危险啊。"

那个工人一边忙碌着，一边说道："先生，您说得太对了，这并不是一件轻松的工作。"

之后，卡耐基突然提高了声音，说："我有个朋友也是做这个工作的，之前他也有和你一样的想法。但是现在他改变了这个想法，说这个工作其实很简单。"

"居然还有人觉得这个工作简单？"工人惊讶地反问道。

见工人有所怀疑，卡耐基用认真严肃的声音说："没错，他现在非常享受自己的工作，一点都不觉得辛苦，因为他为自己买了个超值的'礼物'！"

这时，那名工人的好奇心更重了，一下子就从电线杆上爬了下来。他急切地问道："究竟是什么神奇的礼物呢？"

卡耐基微笑了起来，随后用轻松的口吻说："并不是你想象的那种礼物。他利用业余时间参加学习了一个课程，那就是电机工培训。之后，他找到了工作的诀窍，完全可以轻松地工作，并且能享受到工作的乐趣。"

结果可想而知，那名工人非常高兴地从卡耐基那里购买了这门课程。

卡耐基的成功不是没有道理的，就是因为说话时轻松自然、富有变化，才赢得了客户的好感；因为卡耐基话语中富有情感，所以让客户产生了共鸣。一开始，他运用了真诚平缓的声音打招呼，用关心的口吻询问对方是否辛苦，这很快就赢得了对方的好感。然后，他提高了音量，说起了朋友的故事，从而成功地吸引了客户的注意力。等到对方的好奇心被激起的时候，卡耐基又运用认真的口气证明了事情的可信性，从而博得对方的信任。

所以说，在与客户沟通的时候，销售人员要善于利用自己的声音，让声音变得"好听"起来，如此才能在最短时间内拉近与客户之间的距离，实现自己的销售目的。

需要注意的是，在沟通过程中，销售人员必须要讲普通话，避免使用方言，方言会让你显得不专业，更让对方听得云里雾里。不过，如果客户刚好是你的老乡，你可以用方言闲谈一番，拉近彼此之间的关系。但是介绍产品时必须使用普通话，以免产生歧义。

语速语调，也能决定约见基调

在演讲领域有这样一句话："声音是身体的音乐，语调则是灵魂的音乐。"没错，语调就是有着这么大的魔力。同样，销售人员对于语调的掌握也是非常重要的。

语调有高、中、低的区别，不同的语调可以体现不同的情

感，也可以起到不同的效果。语调可以分为平调、升调、降调和曲折调，它们体现了陈述、疑问、感叹等情感。销售人员想要实现不同目的，就需要运用不同的语调。

比如，想要陈述产品的特征，就需要用较为平缓的语调，"您好，我们公司新推出了一个产品，现在我给您做一个简单的介绍……"想要引起客户的注意，或是表达一样的情感，就需要提升语调，"产品需要满足客户的需求，难道不是吗？"

对于销售人员来说，这是一个很大的加分项。如果能够恰当地使用语调，注意说话的轻重升降，让你的语调富有变化，就可以尽快地抓住客户的心。可如果在销售的过程中，销售人员从头到尾都是一个语调，没有起伏变化，那就只能让客户昏昏欲睡，更别提会产生购买欲望了。

当然，想要很好地控制语调，销售人员必须接受专业的训练，努力提升自己的说话技巧。大多数人说话时都是运用胸式呼吸法，这种呼吸方法有一个缺点，那就是声线比较松散，力量也不均匀。与客户沟通时，销售人员运用这样的发声方式，就会让声音听起来并不是那么舒服，感觉语调都非常随意，没有什么明显变化。

这就需要销售人员改变呼吸方法，练习腹腔式的呼吸方法——即在吸气的同时放松身体，把空气吸到肺里。如此一来，说话时就能发出均匀而稳定的声音，能够轻松地调整说话的发音。同时，销售人员还要注意发声共鸣的训练，即以口咽喉为中心，以丹田为支撑，吸气缓慢平和，努力做到字正腔圆、气息均匀。

除了语调，语速对于销售人员的影响也非常大。

每个人的性格不同，说话的语速也有所不同，有的人说话快，有的人说话慢。虽然这在平时闲谈没有什么影响，可是在销售中却直接影响客户对你的印象，甚至影响交易的成败。

比如，介绍产品时，你说话慢慢悠悠的，十分钟还介绍不完产品，客户哪有时间和耐心等你。你说话非常快，所有东西一股脑都说完了，客户却听不明白你说了什么，也是白费力气。

销售人员需要掌控好说话的语速，在自我介绍和闲聊的时候，语速可以轻快一些。在介绍产品的时候，语速要放慢一些，让客户可以听清你的话。同时，如果想要强调产品的某一特性，或是引起客户的注意，就应该再放慢一些语速，并且要加重语气。一般情况下，销售人员的语速应该保持在120—140字/分钟，并且能够根据客户的情况而调整自己的语速。

只要销售人员能够用心练习、坚持不懈，肯定能获得很大的收获。不信看看小于的经历：

小于大学毕业后，成功地应聘上了一家知名企业的市场销售。年轻、富有激情的他，自信能够成为这个领域中最好、最出色的营销人才。

可是刚刚进入公司，小于就遇到了一个问题，而这个问题成为他成功道路上的障碍。原来小于是一个慢性子，说话总是不紧不慢的，即便遇到了比较紧急的事情，他也很难加快自己的语速，让人感到非常焦急。而且，由于这个缺点，他说话的时候也几乎没有什么声调高低的变化。可以说，他说话总是没有轻重缓急，更是缺少了一些抑扬顿挫。

正因为如此，每次约见客户的时候，他刚说了几句话，客人就不耐烦地挂断电话。这让他感觉非常懊恼，但也只能无可奈何地安慰自己："性格是天生的，说话习惯是长期养成的，我也没有办法，还是在其他方面努力吧。"所以，他也没有刻意改变自己的语速语调，而是开始刻苦地练习销售话术。但遗憾的是，他约见的成功率依然很低，业绩自然也就更不好了。

过了一段时间，小于的公司组织业务培训，让当季的销售精英分享成功的秘诀，并进行现场模拟销售。这一次，小于可抓住了机会，希望能够提升自己的业务能力。经过细心的观察，小于发现那些成功的同事一开口就仿佛拥有了一种魔力，能够迅速地抓住自己的内心，让自己更愿意听下去。

随后，小于反复地思考了一阵，他终于找到了问题的关键：那些销售精英们说话都有一个共同点，那就是语速有快有慢，会根据所说的内容而变化；语调也是有轻有缓，抑扬顿挫。

发现了这个关键问题，小于立即行动起来，决定改变自己的说话方式。他利用业余时间报了一个语言训练班，专门训练说话的技巧。在平时，他还时常在家训练，模拟如何与客户打电话。

经过三个月的训练之后，小于果然有了很大的改变，掌握了说话语速和语调变化的技巧。不仅如此，他的表达能力也更流畅清晰，业绩直线上升。

语调语速决定了约见的成败，也决定了业绩的高低。注意说话的轻重缓急，不仅是一种说话技巧，更是一个销售人员必须具有的专业技能。想要成为出色的销售人员，提升自己的专业技能吧！如此你的声音才更具有生气和感染力，你的话语才能起到不一样的效果！

你要这么约，客户都不好意思拒绝

没有人愿意被人拒绝，可事实就是这么残酷。销售人员尤其是没有约见技巧的新人每天都会遭到客户的拒绝，有的甚至你刚说"我是××公司销售员"，对方就打断你，直接挂掉电话。

其实，这是在所难免的，没有人愿意接到陌生推销员的电话。尤其现在推销电话电话如此多，有些推销员还时常不厌其烦地打扰客户。那么，如何才能让陌生客户不拒绝自己呢？

销售人员首先要站在客户的角度，说他们想听的话，介绍他们想要的东西，而不是一上来就说自己的产品如何好。看看下面的例子：

张军是一家培训学校的课程销售，客户对象正是各个年龄段的学生家长。他的销售业绩是公司里最好的，他的电话邀约成功率总是比别人高很多。不管什么样的客户，经过他的一番电话沟通，总能轻易地答应见面。

当别的同事询问他邀约的技巧时，他总是笑着说："这很简单，就是考虑客户的需求，从他的需求出发。"

比如，暑假的时候，培训学校都会推出暑假班，很多家长也希望能够通过暑假班提升孩子的成绩，也有的家长则希

望孩子能够提升其他方面的能力，如参加夏令营等。这时，张军就会从家长需求出发，说："您好，我是某培训学校的张军，您打算趁这个假期给孩子补补课，还是希望孩子多参加一些活动，培养其他方面的能力呢？"

如果家长说："我孩子的成绩中等偏上，我希望孩子能够提高些成绩，你那边有没有合适的课程？"

这时张军就会回答："每个孩子的情况有所不同，我们学校现在会根据孩子自身的特点和喜好以及学习成绩，给他们安排相应的课程。近期我们推出一系列的试听课，您可以带孩子来体验一下。现在，我可以给您预留一下位子，您大概什么时候有时间过来试听？"

这个时候，绝大部分家长会约定一个时间进行试听。就是因为张军始终站在客户的角度上思考问题，抓住了客户内心的需求，然后根据客户的需求来进行约见。在客户看来，张军并没有一味推销课程，而是为了他们的需求，为了他们的孩子着想，自然就不会产生拒绝的想法了。

生活中很多销售人员很诚恳地、很努力地打电话，可他们只有一个话术"您好，我们这里有××产品，您需要了解吗？""您好，我们的产品有哪些优势，您可以来店里了解下……"他们立足点是自己而不是客户，所以打几十个电话，最后只有三五个客户勉强愿意见面。

要知道，绝大多数客户只关心自己的需求，不会关心的你产品。如果不能让他们知道你能满足他们的需要，那么即便你再努力游说，再"舌生莲花"，恐怕也无法约见成功。

　　站在客户的角度上，除了要抓住客户的需求，满足客户的需求。销售人员还需要对客户表示关心，真诚地为客户着想，而不是一上来就要求见面或是一上来就介绍产品。

　　不管是电话约见，还是面对面的邀约，客户拒绝销售人员，就是因为客户对其不信任，或是没有什么好感。这个时候，你的邀约不能太直接、太突兀，而是应该巧妙一些，比如适时地关心，巧妙地搭讪。当然你的关心必须是出自内心的，你的搭讪能给客户带来舒适感。

　　你的关心会让客户感动，对你产生信任感和好感。信任感和好感已经产生，那么客户还会拒绝你吗？你的搭讪巧妙自然，客户的不信任和排斥感自然就会逐渐消除，不忍心拒绝你。

　　一个年迈的老人从超市买完东西，在路上突然犯了腰疼病，腰部疼痛不已，于是便坐在路边的花坛边休息一会儿。老人一边休息，一边用手按摩自己的腰部，好让疼痛缓解一些。

　　这时候，一个拿着广告宣传单的女孩走了过来，递给老人一张宣传单，同时关心地问道："阿姨，您没事吧？您年纪大了，怎么能拎这么重的东西呢？要不要我帮您把东西拿回家？"

　　听到年轻姑娘的关心，老人非常感动，笑着说道："没事，我这是老毛病了，休息一会儿就好了。"

　　姑娘说："阿姨，我就在这附近发传单，如果您有什么需要帮忙的就尽管说。您是老人家，我们年轻人应该多帮忙。"

老人对姑娘表示了感谢，姑娘继续说："阿姨，我可以留一个您的联系方式吗？我们公司给我们定了任务，每天要收集50个客户的电话，我今天还没完成任务呢。您不用担心，我绝对不会泄露您的个人信息的。"老人见姑娘挺真诚、善良的，便把电话给了她。

隔了几天，老人接到一个电话："阿姨，您的腰疼好点了吗？有没有贴药膏啊？"老人有些迟疑地问："你是哪位？我认识你吗？"

电话那头的人笑着说："阿姨，前几天我们见过面，就在您家附近的超市旁边。那天您腰疼病犯了，我们聊了一会儿，还给我留了电话。"

老人恍然大悟，说道："你是那个发广告的小姑娘吧，我记起来了。不过，我这腰疼是老毛病了，贴膏药也没有什么效果。"

姑娘说："我们公司的膏药效果还是很不错的。我妈妈也经常腰疼，我就把我们公司的产品给她寄了一些。现在，她说自己的腰疼好了很多。"

老人好奇地说："你们公司的产品真的这么有效吗？"

姑娘见老人有了兴趣，便趁热打铁地说："阿姨，不如我明天给您带两个样品吧，您可以先试用一下。再说了，我也可以去看看您，和您聊聊天。"

老人的孩子都不在身边，平时只有她一个人在家，也希望有人能跟她聊聊天。再说这小姑娘说话挺真诚的，能够关心自己，应该不是什么坏人。所以，老人很快就答应第二天去店里看看，向她了解产品的事宜。第二天，老人果然说话算话。

从这个事例我们可以看到，姑娘是聪明的，她没有直接向老人推销产品、索要电话，"您有腰疼病啊，那不如试试我们的产品吧。我们的产品非常有效……"而是真心地关心老人，让老人感到非常亲切，所以让老人心甘情愿告诉她电话号码。而在电话约见时，姑娘又是给予老人真诚的关心和体贴，成功约见就变成自然而然的事了。

可见，客户并不是拒绝所有约访，而是拒绝那些目的性强、没有任何情感的约访。若是销售人员能掌握约谈技巧，注意说话的技巧，付出自己的真心和真诚，那么绝大多时候客户不会忍心拒绝你。

来一场偶遇

不管是电话约见还是当面约见，客户总有拒绝的理由，或是借口工作太忙，或是暂时没有需要，或是想要考虑一下……但不管什么原因，这些拒绝都让销售人员的约见面临失败，使得销售工作没有任何进展。

那么，这个时候销售人员应该怎么办呢？是等待？还是继续打电话约见？还是干脆放弃？

显然，这三者都不是最佳选择。一味地等待，永远也等不到好的机会。因为在你等待的那段时间，很可能被别人抢占了先机。继续打电话，客户依旧会找别的借口拒绝你，不给你见面的

机会。而放弃就更不用说了，你彻底失去了机会。

与其被动地等待客户，不如学会主动出击，策划一些"不经意"的偶遇，或许就可以扭转局面。这种约见的方式，既适合在陌生客户中使用，也可以在相识的客户中使用。

比如，恰巧"路过"客户公司，顺便上门拜访。当你的约见被屡次拒绝时，销售人员可以主动出击，直接到对方公司拜访。然后说，"李经理，我今天来这栋大楼商谈业务，顺便来拜访一下您……"相信，客户绝不会把你拒之门外。不过需要注意的是，这种方法最好用于相熟的客户，否则，就会让客户觉得你太冒昧了，给客户留下不好的印象。

再比如，事先打听客户的行踪，制造偶遇的方式。如果客户喜欢打高尔夫球，时常到某个俱乐部打球，销售人员可以参加那个俱乐部，多到那里去打球，制造和客户"偶遇"的机会。客户到某地点办事，销售人员可以提前到那个地点，等对方办完事情之后制造"偶遇"机会。

对于这一点，销售人员必须掌握好分寸，不能打扰客户办事，也不能在客户休息或是休闲时打扰，也不能选错了地点，否则只会给对方留下不好的印象。同时，偶遇只是为自己制造机会，让客户能够熟悉你，然后为下一次见面争取机会。所以，销售人员不能抓住客户不放，一味地讲关于产品和合作的事宜。

可以说，在约不到人的情况下，来一次"不经意"的偶遇是约见客户的好方法，只要销售人员能够掌握好技巧，选择好合适的时机和地点，就可以完成完美的约见。这一点销售员方宇泽很有体会。

方宇泽有一位重要客户张先生，两个公司都有意向就某一项目进行合作。可方宇泽打了很多电话，都没有能够成功约见张先生，他不是推脱自己有事，就是说自己正在出差。

方宇泽知道，这其实都是张先生的策略，希望通过以退为进的方式给他制造压力。多年的销售经验告诉方宇泽，如果再继续下去，自己肯定会在之后的面谈中处于被动地位。为了改变这种状况，方宇泽想，既然你不愿意见我，我为什么不主动出现在你面前呢？或许这就可以为自己博得主动权。

方宇泽知道张先生平时有钓鱼的爱好，每周末都会抽空到湖边去钓鱼。于是，在一个周末的上午，方宇泽早早地便带着钓鱼竿来到张先生经常钓鱼的地方，等待他的到来。

过来一会儿，张先生果然来了。方宇泽故作惊讶地说："张先生，您也到这里钓鱼啊，真没想到会在这儿遇见您。真是太巧了！"随后，两人便一边钓鱼一边闲聊起来，却没有谈及关系合作的事情。

等到两人要告别的时候，方宇泽才说道："张先生，不知您对于我们两个公司之间的合作有什么想法，我们可以找一个时间详细地商谈一下！您看，这周三或是周五您有时间吗？我们可以约一个地方，或是我登门拜访。"

此时，张先生觉得和方宇泽谈得很投机，而且确实有合作的意向，便痛快地答应了周三进行会面。后来，方宇泽按照约定的时间拜访了张先生，并顺利地签订了合同。

没错，在多次约见无果的情况下，聪明的销售人员不会被动

地等待顾客的召见，而是积极主动地寻找和创造与客户见面的条件。选择"偶遇"的方式来见客户，不仅可以让客户无法拒绝，还会让自己赢得主动权。

当然，在制造偶遇的时候，销售人员也应该注意方式方法，不要表现得太过刻意，否则会给对方留下不好的印象；当你与客户偶遇，客户的拒绝之意还比较强烈时，销售人员不能强求，缠着客户不放；当客户和他人谈话时，千万不要贸然打扰；不要占据客户太多时间，更不要一上来就讲自己的产品；"一回生，二回熟"，多制造与客户见面的机会，客户对你产生熟悉感，排斥感自然就会消失；掌握好偶遇的次数，不要不考虑客户的接受心理，频繁地出现在客户面前……

同时，不管是对第一次见面的客户还是比较熟悉的客户，"偶遇"都应该建立在对客户深入了解的基础上。在实施计划之前，销售人员必须事先做好功课，对客户的行踪、个性、兴趣进行了解，做到有备无患。

开局一个微笑，胜过千言万语

在人际交往中，微笑的魅力是无与伦比的。一个微笑，可以让你迅速赢得对方的好感，变得不再疏远；一个微笑，可以化解他人的质疑，变得愿意相信你；一个微笑，可以让人放下固执，变得好说话。在销售的过程中也是如此，你的一个微笑可以化解与客户之间疏远，让他更愿意相信你，更愿意与你进一步交流。

可以说，一个微笑胜过千言万语。在与客户初次见面的时候，人未语，笑先到，不仅可以表明你的亲和、职业素养，更可以让你变得更迷人、富有魅力，使得客户神魂颠倒。所以，凡是聪明的销售人员都会面带微笑地与客户沟通，并且努力把自己最迷人的笑容展现给客户。

日本著名推销员原一平就是运用自己的微笑征服了无数客户，赢得了无数客户的喜欢和信任。

原一平个子比较矮小，身高不到一米五，长相也非常一般。他曾经为自己的矮小而懊恼不已，抱怨老天的不公平。但是，身材矮小是铁一般的事实，想改变也改变不了了。于是，原一平便想在其他方面来弥补这一缺点。

显然，其他人并不这么想。当他去应聘保险销售员的时候，面试官善意地劝导说："你不适合做这个工作，你看看咱们公司的其他推销员，哪一个不是长得英俊潇洒？我们做销售的，需要经常和客户见面，如果你不能给别人留下好印象，怎么能顺利地成交呢？再说了，看看你这样的长相，就算是面带微笑，恐怕都没有别人笑得好看啊。"

换做其他人听到这种评价，肯定早就深受打击，放弃这个工作了。可原一平却自信自己能够做好这个工作，内心充满斗志地说："虽然我长得不好看，但是我的笑肯定可以很美的。"

就是因为他真诚，所以面试官才给了他一次机会。这之后，他就开始训练自己的笑容。有时他对着镜子练习微笑，有时他在马路上会不自觉地露出笑脸，有时还会笑出声来，甚至还会在大街上冲着过路人微笑。由于他经常一人独自笑

出声时，邻居还以为他神经不正常了呢。

就这样，经过一段时间的苦练，原一平对着镜子竟然能发出40种不同的笑容。而他的笑容也感染了很多人，受到很多客户的欢迎，也为他赢得了很多机会。一次，原一平遇到一位有钱的商人，是一家酒店的管理者。这位商人被原一平独特而又富有感染力的笑容吸引了，主动想要和他做朋友。当这位商人得知原一平是一位保险销售人员的时候，主动向他购买了保险，还把他推荐给了很多朋友。

当商人的朋友询问理由时，他说："他的笑容真的很能打动人，是我见过的最美的微笑！"

微笑是最具有感染力的，也是最具有魔力的。当你换上一张笑脸，用真诚地微笑来面对客户，那么客户会如同被施了魔法一般，把你视为自己人。你和客户之间的陌生感会迅速消失，客户对你的不信任也会瞬间消失。即便客户想要拒绝你，但是看到你的微笑也不好意思拒绝了，会选择再给你一次机会。

然而，很多销售人员却不懂得这个道理，他们会说"我们是专业的销售，又不是卖笑的，为什么会时刻保持微笑""客户一个个都像大爷似的，态度非常傲娇，为什么我们还要赔笑""我本来就不苟言笑，为什么非要勉强自己笑"……

正因为他们如此想，所以在和客户沟通的时候，或是不愿意保持微笑，一副冷冰冰的样子，或是刻意保持严肃的表情，以凸显自己的专业，或是一听到客户的拒绝，就会立即收起笑容。结果可想而知，这样做只能是给客户留下很坏的印象，让自己彻底走向失败。

人人都喜欢一张微笑的脸,而不会喜欢一张冷冰冰的脸。所以,保持微笑,不仅仅是与客户沟通的技巧,更是销售人员必须修炼的职业素养。而且,你的微笑越真诚,越有感染力,就越能打动客户。

不妨看看我们身边聪明的销售人员,哪一个不是把笑容时刻挂在脸上?包括柜台销售商品的推销员、发放传单的市场专员、拜访客户的销售主管……因为他们知道笑容就是他们的通行证,就是拉近与客户距离的最好武器。

嘉琪是一位大学毕业生,刚刚应聘到一家公司做市场销售。第一次拜访客户的时候,嘉琪非常紧张,尽管之前做了很多准备,还练习了很多销售话术。可在敲开客户办公室门的时候,她还是紧张万分,一时不知道该如何开口。

这时,她唯一能做的就是保持微笑,紧张地向客户问好,磕磕巴巴地表明自己的来意。她想自己表现得如此不尽如人意,肯定会给客户留下不好的印象,或是被直接赶走吧。

可令她没有想到的是,客户笑着说:"你好,请坐吧!外面的天气是不是太冷了?你看,这冷空气都把你的表情给冻住了。"

听到客户幽默的回答,嘉琪的紧张感瞬间就消失了,也变得更加自信起来。接下来,嘉琪开始向客户介绍自己的产品,并且详细地讲解了相关资料。在这个过程中,嘉琪始终保持着微笑,而且笑得是那么真诚、灿烂。结果,这位客户同意和嘉琪的公司合作,并且约她下个星期进行合约细节方

面的商谈。

就这样，嘉琪的第一次销售活动顺利地成功了。后来，嘉琪好奇地问这位客户："我当时表现得非常糟糕，就连自我介绍都磕磕巴巴的，您为什么会选择和我合作呢？"

客户笑着说："是你的笑容感染了我！虽然你当时非常紧张，可是脸上却始终保持着真诚的微笑。这让我决定给你一次展示自我的机会。毕竟没有谁第一次工作就能够应对自如，没有谁第一次见客户就口若悬河。"

虽然嘉琪是个例，但是我们不能否认，很多时候真诚的笑容要比能力更重要。因为如果你没有真诚的笑容，恐怕她连介绍产品的机会都没有，就别说展现自己的能力了！

面带微笑说话的人，比起紧绷着脸孔说话的人，在经营、销售以及教育等方面，更容易获得成就。不管是在与人交往中，还是在推销的过程中，微笑都是成功的关键。而且，生活就像是一面镜子，你对它微笑，它就能回报你微笑。

所以，记住原一平说的这句话："世界上最美的笑就是从内心的最深处所表现出来的真诚笑容，如婴儿般天真无邪，散发出诱人的魅力，令人如沐春风，无法抗拒。"想要让自己散发出无穷的魅力，就开始学会微笑吧！想要给客户留下良好的形象，就展现出自己最真诚、最灿烂的笑容吧！

既能让自己心情愉悦，又能让客户神魂颠倒，何乐而不为呢？

如何突破秘书这道关隘

俗话说："阎王好斗，小鬼难缠。"这里的所谓"小鬼"就是各企业的负责人、管理者的秘书。销售人员想要成交，就必须见到企业的核心负责人。而想要约见成功，就必须给秘书留下好印象，让她（他）愿意为你传达消息或接通电话。

可是，秘书的工作职责之一就是过滤销售电话，他们不会轻易转达你的电话，更不会轻易让你接触到管理者、老板。这个时候，销售人员如何去做呢？

首先，销售人员应该尊重和理解秘书，不要看不起秘书，更不要心生抱怨，"你就是拿着鸡毛当令箭""你不就是小秘书嘛，有什么了不起的""我不和你说，我要找你们经理"……这不仅不会让你的约见成功，还影响你在客户心中的形象。

即便遭到拒绝，你也应该心平气和地交流，彬彬有礼、态度真诚。否则即便负责人有意见你，恐怕也会被秘书挡下来。

同时，销售人员还需要讲究说话的技巧，或是表现自己幽默的一面，或是夸奖秘书一番。每个人都喜欢幽默和赞美，秘书也不例外。作为领导的秘书，每天需要处理很多工作琐事，接听无数的电话。如果他们能在忙碌的工作中遇到一个说话幽默的人，或是收到一个陌生人的赞美，心情就会立即变得愉悦起来，对对方产生好感。有了好感，他们自然就更愿意为你传递消息或接通电话了。

　　瑶瑶是某公司的销售人员，平时善于夸奖客户，而且说话幽默，懂得逗人开心，时常把客户乐得合不拢嘴。一天，经理让她联系一位重要的客户，接通电话后，只听对面传来一声清脆的声音："您好，这里是××X公司，请问有什么事情？"

　　瑶瑶立即清了清嗓子，热情地说："早上好，我是某公司的销售人员瑶瑶，想找一下贵公司的李总。"

　　对方拿出官方的答复："不好意思，我是李总的秘书。李总正在开会，请您稍等再打过来。"

　　瑶瑶知道这只是对方的借口，为了避免陌生人打扰李总。她并不在意，继续说道："秘书小姐，您的声音听起来真好听，想必人一定也很漂亮吧。不过，我感觉您的声音好像有一些疲惫，是不是一早晨没喝水？赶紧喝口水吧，不然多辜负您这美妙的嗓音。"

　　听了这番赞美的话，对方显然很高兴，笑着说："谢谢您的夸奖。"

　　这时，瑶瑶也不多纠缠，接着说："既然李总正在开会，我就不多打扰了。我过半小时再打过来，可以吗？"因为对瑶瑶产生了好感，所以对于这样的要求并没有拒绝。而在瑶瑶第二次打电话的时候，对方显然热情和客气了许多，并且很快为她转接了电话。

　　其实，秘书并没有那么难对付，只要我们掌握了巧妙的方法，把话说到对方心里，让他对你产生好感和信任，便可以轻松达到目的。

秘书不仅仅是传话筒，更不是不起眼的小人物，如果销售人员想要搞定目标客户，成功地约见企业负责人，就应该对秘书保持足够的尊重和理解，掌握好说话的态度和技巧。当秘书感受到你的尊重，就会愿意对你"放行"了。

当然，这也不是万无一失的方法。很多秘书虽然喜欢听好话，会对彬彬有礼的销售人员产生好感。但是由于职责所在，并不会轻易对你"放行"，这个时候，你就需要在短时间内让他了解到你是有价值的"客户"，让他知道给你"放行"是对他有好处的。

不妨看看李欣是如何做的：

李欣是一家食品生产设备的销售人员，主要工作就是与各食品公司进行洽谈，销售相关机器设备。

很多时候，在与企业进行邀约时，李欣都会被秘书拦下来。而秘书们应付她的方法也有很多，比如："您有预约吗？如果没有预约的话，不好意思，我不能给您转电话。""不好意思，我们总经理正在开会，请您稍后再打过来。""您留下电话吧，我会向刘总转达的"……

不过，李欣却并不在乎这些，因为她知道拒绝陌生人接近老总，为上司过滤无关紧要的电话，就是秘书的职责。所以她时常会想尽办法来突破这些障碍。

这一天，李欣听说一家比较大的食品公司想要更换一批机器设备，于是立即拨打了该公司采购部门的电话。不出意外，这个电话就是采购部经理的秘书接听的。

李欣用轻快的声音说："您好，麻烦找一下刘总，我是

××食品生产设备的销售人员，有项目想跟他合作。"

秘书的声音透露着客气和冷静："您好，我是刘总的秘书。刘总现在在开会，目前没有时间接听您的电话。"

李欣知道这只是秘书的官方说辞，为了过滤那些没有预约的电话。她继续说："我可以预约一下时间。因为我们公司的设备可以让贵公司提升生产效率，并且减少很多材料的消耗。而且，现在很多业内数一数二的公司都在用我们的机器，比如××公司（该公司的竞争对手）。如果您能帮我预约一个合适的时间，相信刘总也会表扬您的决断力的。"

李欣在最短的时间内说出了公司设备的优势，并且说出了转电话给秘书带来的好处。所以，秘书停顿了一下，说："不如您先传真一份详细资料过来吧。刘总结束会议之后，我会向他进行详细的汇报。"事实上，这时秘书的态度已经有了松动，可还是比较犹豫。

李欣趁热打铁地说："明天我可以亲自送一份资料过去，您看可以吗？您可以看看，刘总什么时候有时间。"这时，秘书果真同意了李欣的邀约，预约了一个时间安排她与采购部经理见面。

李欣非常聪明，她洞悉了秘书的心理，给秘书这样的感觉：这是有价值的客户，可以给我们企业带来好处，若是我把她拒之门外，耽误了公司的大事，恐怕会遭到老板和采购经理的怪罪。所以，秘书尽快给李欣"放行"，让她与采购经理面谈。

若是你打了无数个邀约电话，却始终没有取得进展，不要把责任推到秘书的"难缠"上，而是应该从自己身上找原因，提升自己的说话技巧。只要你做到心平气和，用心思考，自然就可以找到突破秘书的方法。

第四章
只有"一见钟情"，
你们才有继续的可能

　　产品和服务是促使客户成交的根本，但是销售人员给客户的印象、感觉却是客户是否愿意和其沟通的前提。简单来说，客户喜欢你，愿意和你继续谈下去，你才有机会展示自己的产品和服务，否则一切都是白说。既然如此，为什么不想办法给客户留下好印象呢？

客户第一眼，决定销售是否能进行

人们常说"你的形象价值百万"，虽然这句话有些夸张，却道出了个人形象的重要性。对于销售人员来说，个人形象是非常重要的，在整个销售过程中起着十分关键的作用。它决定着客户对你第一印象是好是坏，而第一印象就是效率和业绩。

当一个销售人员以一个良好的形象出现在客户面前时，客户就会对他产生良好的第一印象，就会不自然地产生好感和信任感，进而愿意和他交流和合作。

然而，不少销售人员不以为然，甚至表现出不屑。他们认为只要销售的产品质量好、价格优，谁还关注我的形象好坏；只要我的口才好、能力强，即便个人形象差一点，一样可以把产品销售出去。于是，在销售工作中，他们不太注重个人形象，衣着不整齐干净，皱皱巴巴，或是有明显污垢；衣着不正式，不修边幅，甚至穿着休闲装、大裤衩、拖鞋。殊不知，不注重个人形象不仅会让销售人员形象受损、丢掉订单，还严重影响了公司的形象和品牌。来看看下面几个例子：

A刚入销售这行，工作是推销各种防盗门窗。可工作了一段时间，A的业绩并不好，因为他太不修边幅了，无法给客户留下好的印象。

有一次，老板就交给他一个很重要的任务，到一个有钱

客户家里推销防盗门。当他敲开门正待讲明来意时，客户只扫了他几眼，二话没说便"砰"的一声关上门，随后门里传来一句"讨厌"。

其实这也难怪，我们来看看他的形象吧！满面油光，衣服脏兮兮的，一条裤腿还挽在袜子里！试想若是这样的一个人敲开你的门，你会愿意见他吗？若是这样的人向你靠近，你会愿意和他亲近吗？当然不会，绝大部分人会敬而远之，就更不用说听他说话，接受他的推销了。

B是某家投资机构的投资理财顾问，在国内一家顶尖金融公司就职。虽然刚毕业没多久，但他是某名牌大学金融系的高才生，所以老板和同事都对他寄予了厚望。可是，结果却出乎人所料，B每天都拜访客户，每天都给客户打电话，可业绩却不怎样。

因为B刚刚大学毕业，追求时尚和潮流，喜欢有个性、另类的服饰。刚上班时，他就穿着带洞的牛仔裤来公司，虽然公司不要求穿正装，但是却要求衣着正式整齐、不能太休闲另类。在老板和上司的几次警告之后，B才勉强穿着衬衫、休闲裤上班。

可拜访客户时，他还是不能把握分寸。有一次，他约客户在某咖啡吧见面，结果穿着一身花里胡哨打扮就来了——穿着贴有亮钻的衬衫，带洞的牛仔裤，手上戴着卡通手表——把客户吓得目瞪口呆。B还没说几句话，客户就借口有事离开了。此时，B还没有认识到自己的错误，抱怨客户"欺骗自己"、没有诚意。

没过多久，B被老板辞退了，最后老板语重心长地对他说："一个人的个人形象是非常重要的，除了要保持干净整洁、漂亮大方，还需要符合身份和场合。我们是客户的专业顾问，为客户提供专业的理财咨询，虽然年轻人讲究个性，但是必须让自己显得更专业，否则你就会给客人留下不好的印象。试想你给客户留下一种轻浮的印象，那么客户怎么会放心把钱交给你？以后不管你想要做什么，都应该先梳理自己的形象，不能太随心所欲。"

C是某家装企业配饰推销员，有一次拜访客户的途中恰逢雷阵雨，搞得他非常狼狈。当他到达客户楼下时，看到镜子中的自己：头发凌乱、上衣湿漉漉的、裤子更是如此。这样如何见客户，如何给客户留下好印象。

好在离约定的时间还有20分钟，C看到附近有一家男装店，便立即走了进去，让服务员给自己挑选一套合体而精致的正装。除此之外，他还利用卫生间的自动吹干机吹干自己的头发，然后神采奕奕地走进了客户的办公室。

客户本来签约的意向并不大，但是经过C的详细介绍后，竟然当场在合同上签了字。之后，客户笑着问："按照你到达的时间，路上应该遇到了大雨，为什么你还如此一丝不苟？"C笑着说："我确实淋了大雨，不过我会变魔术，给自己变了一套新衣服！"

客户听了哈哈大笑，说："没想到你还挺幽默！说实话，我之所以愿意和你签约，就是因为你会'变魔术'。这告诉我，你是一个真诚、值得信任的人，这让我相信你的产品也是可靠的。"

同样是见客户，不同的形象，得到了客户不同的对待。A和B不注重个人形象，所以遭到客户无情的拒绝，而C销售的成功源于对个人形象的打造和转变。个人形象虽然是个人的事情，但是却体现了你是否对客户尊重。你对客户连最基本的尊重都没有，对方又怎么会对你又好感？

人就是天生的视觉动物，即便书的内容一样，还是会根据自己的喜好选择漂亮精致的外壳。即便你的内涵再好、产品再好，可是你也得注重个人形象，让客户有机会进一步了解你、欣赏你。

而且，人们在认知过程的开始阶段的印象会一直存在，并在人的感觉和理性的分析中占据主导作用。如果你让客户第一眼就喜欢你、信任你，那么接下来他对你评价也差不了，更愿意和你继续交往下去。可若是你给客户的第一印象是不好的，那么之后你即便再努力，恐怕也无法扭转他的想法，很难让他重新喜欢上你。

或许很多人会认为这太片面、太不公平，可事实就是如此，是不可改变的事实。因为人的心理往往是在无意识的情况下进行，无关乎公平或合理性，尽管有时第一印象并不完全准确，但正如一句俗语"先入为主"，第一印象的建立如同在一张白纸上用墨笔写字，写下了就难以再抹去。

所以，销售人员必须注重自己的个人形象，做到服饰干净整洁、行为彬彬有礼，留给客户良好的第一印象。如此，你的销售就等于成功了一半，之后你的行动也会事半功倍。

恰到好处的夸，怒放客户心花

赞美是世界上最华丽的语言，人人都喜欢别人的赞美，人人都享受别人的赞美。所以，在社交场合，一句赞美要比一百句说服更有效，一句赞美可以轻松让他人敞开心扉，一句赞美可以快速缓解尴尬的局面。只要你懂得适当地赞美别人，让对方感到愉悦舒坦，那么你的人缘就会异常好，你的事业就会突飞猛进。

在销售领域也是如此。我们都知道，客户似乎总保持着一种戒备心理，总是想要与销售人员保持一定的距离。可如果你善于利用赞美，那么情况就会完全不一样。你的赞美让客户的优越感和虚荣心被满足，让他们心情愉悦、心花怒放。心情好了，警戒心也自然消失了，彼此距离也拉近了，那么成交还远吗？

所以，巧妙地赞美是销售过程中不可缺少的。作为一名销售人员，你应该好好学习赞美的技巧，利用这种不需要增加任何成本的销售方式。事实上，用赞美的语言赢得客户喜爱的例子不在少数。

小美是一家服装店的销售员，虽然年纪轻轻嘴却很甜，时常把客户哄得心花怒放。所以，她是同事们中业绩最好的，很多老客户都专门找她买衣服。

见到有主见的美女，她会笑着说："美女，你真是太有眼光了，而且知道自己适合哪一款。说心里话，我非常希望能成为您这样的人，知道自己选择什么，知道自己适合什

么。"

见到没主见的客户，她也会在给出建议的同时适当地恭维一下："请您放心，我们的服装都是品牌货，时尚、漂亮，而且品质有保证。您身材非常好，适合这一款裙子，可以凸显您的身材线条，而且更显得青春靓丽。"

为了增加自己的说服力，小美还会在赞美客户的时候，进行对比性赞美。比如，"女士，您真的是太有眼光了，知道怎么选择和搭配适合自己的衣服，会根据自己的身材和气质选择。您看，这件衣服穿在您身上就像量身定做的一样，实在太符合您了。可是，很多像您拥有这样好身材的人却不善于选择和搭配，刚刚那位身材苗条的姑娘，非要在我这里购买那些宽大的衣服和裙子。我真的是为她浪费自己的好身材而惋惜啊！"

"其实，这件衣服很多客户都试过，说真心话，她们的身材都不差，穿上也还算得体，但是就没有哪个人像您这样带给人一种量身定做的感觉。我感觉她们穿不出这件衣服的特色。您真的赋予了它新的生命和魅力。"

这种赞美非常有效。因为人往往具有攀比心，希望自己比其他人更好。若是听到有人夸自己比别人更漂亮、更有能力，会产生强烈的虚荣心，心情会更愉悦，从而更迅速地下决心。不过，销售人员一定要注意一点：说话不要太刻薄，贬低其他客户，否则就会适得其反。

可以说，对于销售人员赞美是最有效的手段。恰当的赞美客户，不仅可以让客户心情愉悦，自信心得到满足，还可以有效地调动顾客的情绪，勾起他们的购买欲。因为很多客户看中一款产品的时候，他们已经产生了购买冲动和动机，只是缺少些信心和决心。简单来说，他们不知道这商品是否适合自己，是否让自己买得更有价值。

这个时候，销售人员给予适当的赞美，实际上就是肯定和赞扬客户选择的正确性。有了这样的肯定，客户的自信心会大增，从而消除不确定和迟疑，把购买欲望变成实际的购买行动。

当然，销售人员需要知道，你的赞美必须是真实的、真诚的，不能为了成交而违心恭维。比如，明明客户穿你的衣服很显胖，你却说"真的很显瘦""你的身材真的很好"，结果只能适得其反。

我们赞美的内容应该放在客户的外形或某种特质上，并且想方设法地把赞美的内容与自己所要推荐的商品结合起来，引诱客户的购买欲望。

　　某位客户来到一家销售瓷砖的专卖店，在某款瓷砖面前停了下来。这时，销售人员李强走了过来，用客气而又热情的语气说："先生，您的眼光真好，这款瓷砖是我们店里的主打产品，设计和质量都是一流的，所以现在销量特别好。"

　　客户点了点头，问道："这个瓷砖多少钱一平方米啊？"

　　李强回答说："我们近期正在搞活动，针对新客户都有优惠活动，折后价格是150元一块。"

　　客户听了这话摇摇头，觉得这瓷砖太贵了。见此，李强

并没有继续谈论价格的问题，而是将话题引向其他方面。当他得知客户居住的小区是一家比较高档的住宅时，便面带微笑地说："您居住的那个小区我之前去过一次，环境真是太好了。整片小区绿意盎然，花园设计非常美，给人舒适宜人的感觉，不愧是高档小区。"

听了这话，这位客户的脸色变得喜悦起来。见自己赞美的话起了效果，李强继续说："而且，您那个小区的户型都非常好，您看您既然买了这么好的房子，装修当然也得多花点心思。尤其是瓷砖方面更是如此，一般的瓷砖也配不上您的房子啊！虽然我们这款瓷砖的价格有些贵，但和别的品牌比起来更有品质。"

这一番话说得这位客户动了心，说："你说得不错，好房子确实应该用好的瓷砖。不过，价格确实也有些高。"

见客户已经动心，李强继续乘胜追击说："我们正在你们的小区搞促销，这次能给您一个团购价的优惠。您看这样如何？"

这位客户果然来了精神，说："那太好了，可是我现在还没拿到钥匙，还不知道具体的室内面积，这样可以参加团购吗？"

李强笑着说："当然可以。按照我们公司的规定，只要预定的客户达到20人以上，团购活动就可以开展。加上您，我们的客户已经达到了18户，只要再有两户就可以享受团购价格了。现在，您可以先交定金，我给您留下名额。"

就这样，李强通过真诚的赞美，一步步地让顾客接受了自己的产品和服务，成交了一笔订单。李强的赞美是真诚的、是有根据的，并不是虚假的恭维，所以客户听着很受用，对李强的印象越来越好，更愿意向他买东西。

这便是赞美的力量！所以，在销售过程中，不要吝惜自己的赞美，多给客户一些恰到好处的赞美，让他有一些飘飘然的感觉，便能更轻易地俘获客户的心。

自信满满，才能给予客户信赖感

很多销售人员无法赢得客户的信赖，是因为他自身缺少自信。有的人面对客户时眼神闪烁、目光游移，笑起来肌肉僵硬，说起话来张口结舌；有的人给客户打电话之前，或是和客户见面之前，需要给自己做半天心理辅导，结果一听到客户说"不"，就马上逃也似的离开了；有的人无法面对客户的质疑，只能简单地回答"是""不""行"等词语……

来看看下面的这个销售人员吧！

小伟是一个销售新人，由于刚接触销售行业，没有什么经验，所以有些不自信，说话做事有些唯唯诺诺，甚至有些过于谦卑、低三下四。他觉得客户就是上帝，要想让客户满意，自己就必须把自己放到最低的姿态。

约客户见面，一见客户上门小伟就一路小跑着过来，然后"啪"地来了个三十度的大鞠躬，紧接着就开始点头哈腰地自我介绍。回答客户问题的时候，小伟也是小心翼翼，生

怕说错什么惹得客户不开心。可他越是如此，客户就越对他没好感，绝大部分不会再找他。

小伟不明白自己已经这样了，为什么客户不满意呢？他的同事说出了其中缘由，"其实，你用不着这样谦卑，你推销的是你的产品和服务，只要你真诚自然、表现得体，客户自然愿意和你沟通。只要你的产品值得信赖，客户自然愿意和你合作。你这个样子太过于讨好了，显得不自信，甚至是虚伪，试想谁还会信任你、买你的东西呢？"

没错，客户与销售人员之间是平等的，彼此之间是合作关系。若是销售人员太过于放低姿态，不但会使产品贬值，也会使企业的声誉和自己的人格贬值。你的腰弯得再低，即便低到尘埃里，客户也不会因为可怜你而买单。相反，客户还会因为你的讨好和不自信而对你产生怀疑。

更何况，与客户相比，你是产品方面的专家，你占据更多的优势。你是帮助客户解决问题来的，是帮他满足各种需求来的，为什么没有自信呢？

自信是一个销售人员必备的素质，更是销售成功的关键因素。一个销售人员若是不自信，那么销售就不可能成功。客户本来就不了解你的产品和公司，对你的产品存在很多疑惑和质疑，这个时候，你自己都没有自信，那怎么可能让客户相信你呢？你自己都无法自信地阐述产品的信息，回答客户的提问，客户又怎么相信的你的话？

想要销售成功，销售人员就必须树立自信，相信自己、相信自己的产品。那么如何培养自信呢？

首先，销售人员可以自我鼓励、自我打气。比如拜访客户前，对着镜子，将一只手的大拇指与食指放进自己的口腔内，进行肌肉扩展，一边扩张一边大声说："我是最棒的！我是最好的！"或是给自己积极的心理暗示，思考自己的特长是什么、优势是什么，然后在内心默念"我很专业，很值得信任""沟通能力强""业绩一直突出"等。最后，在和客户沟通的时候，再用这些"关键词"概括自己，再一次强调自己的优势，如此一来就会变得更自信。

很久之前，乐天公司的前董事执行官吉田敬就是这样做的。他32岁时进入乐天公司担任程序员，后来又任开发总部长、业务经理等职务。每次介绍自己的时候，他都会这样说："我是乐天的全能人物""公司业务的多面手""我有20多个头衔"……

其次，想要树立自信，销售人员还必须保持良好的个人形象和精神面貌。一个人的形象好和精神面貌好，自信心自然就会上升。最简单的方法是，你必须衣着整齐，挺胸昂首，双目有神，表现出一种生龙活虎、朝气蓬勃的精神面貌。

如果你感觉自己比较紧张，就应该努力控制自己的情绪：站在镜子前，后跟靠拢，收腹，昂首，面带微笑，深呼吸两次。然后看着镜子里面的自己，选择一些肯定式的、富有激励性的语言，坚定地、大声地说出来。

当然，足够的自信心离不开专业知识的支持，想要让自己自信满满，销售人员就必须具有良好的专业素养，详细了解产品、

业务、用户需求、市场行情等信息，熟练地掌握有效的沟通技巧。客户不懂的，你能教他让他懂；客户不明白的，你能耐心说服他让其明白。当你变得足够专业，什么问题都能帮客户解决，自然就不会不自信了。

作为销售人员，相信自己的工作能力，相信自己所销售的产品及服务，信心十足、精神饱满地去面对你的每一位客户，相信这样的你肯定能赢得客户的信赖和喜欢。

巧妙自我介绍，客户把你记牢

好的开端是成功的一半。就好像俄国大文学家高尔基曾经说过的："最难的是开场白，就是第一句话。如同在音乐上一样，全曲的音调，都是它给予的，平常却又得花好长时间去寻找。"

自我介绍是销售工作的开始，巧妙的自我介绍不仅可以展现个人魅力，还可以让客户眼前一亮，赢得客户的喜欢和信任。

那么，怎样的自我介绍能给客户留下好的印象，甚至牢牢地记住你这个人呢？幽默就是不错的方法。

幽默是沟通成功的法宝，是拉近彼此关系、缓和气氛的润滑剂。谁能幽默地说话，谁就能够轻松赢得他人的喜欢，谁就能成为社交场合的明星。换句话说，生活中受欢迎的人，不一定是长得非常好的人，但肯定是富含幽默感的人。在销售领域更是如此。如果销售人员在进行自我介绍的时候，能充满自信地介绍自己，并不时地说两句幽默的言语，那么就可以轻松让客户记住你，并且对你产生好感。

可是生活中很多人认为，与客户见面是非常严肃的事情，不能有半点马虎，更不能有一丝的玩笑。所以，即便他们在生活中很幽默，善于谈笑风生，可一旦和客户交谈起来就会刻意板起脸、不苟言笑。

在他们看来，严肃是为了显示自己的专业和对客户的尊重。可客户却不这样想，他们会觉得这样的人无趣、高傲、死板，没有一点吸引力。其实这不并难理解，换作是你，是愿意和幽默风趣的人交流，还是愿意和死板、无趣的人交流？

来看看立威的故事，你就会得到答案：

立威刚刚进入销售部门的时候，一心想要把工作做好，做出好的业绩，给自己和别人看看。所以，他每天都拼命地工作，就像拼命三郎一样。而且，在拜访客户的时候，他也是不停地卖力介绍，全程谨慎认真，没有一丝懈怠。但是如此地卖力，却换不来客户的良好反馈。绝大部分客户听完他的介绍，就说他们要考虑一下，有的甚至听了他的自我介绍之后就下逐客令了。

立威不明白：自己的表现并不差，为什么客户没有兴趣呢？这个问题一直困扰着他，让他吃不好、睡不好，工作状态也非常差。有一天，他苦闷的样子被一位前辈看到了，便询问他出了什么问题。立威便把自己的疑惑告诉了前辈，请教自己究竟错在了哪里。

这个前辈是一位经验丰富的销售人员，也是一个非常幽默的人，有他的地方总有开心的笑声。他虽然长得并不好看，有中年人常见的秃顶，身材还矮矮胖胖的，但是由于幽

默有趣，他不仅业绩好，和领导、同事的关系也是非常好。

一天，立威又去拜访一位客户，虽然之前已经被这位客户拒绝了一次，可立威还是想要尝试一次。这位前辈知道后，就说："我和你一起去吧，看看是怎样的客户。"

当立威心情极其紧张地敲开客户的门时，对方一看到是他，便立马拉下脸，说："你怎么又过来了，我不是说了吗？我现在不需要这个产品。"立威刚想说话，前辈就抢先站了出来，并笑着和客户打了招呼。

随后，他笑着说："您好，我们做销售人员的什么都得会，产品好、价格优是必需的，关键还得有好的口才。就比如我来说吧，我会说七八个国家的语言。您信不信？"

"你会说这么多种语言？"这位客户表示怀疑，立威也瞪大了眼睛，同样不敢相信。

只见，前辈指着自己的脑袋说："您一定听过'聪明绝顶'这个成语吧！虽然我看起来并不怎么帅，但是我是绝顶聪明的，真的会说很多种语言。但是呢，我这个人非常爱国，而且不爱显摆，所以我只说中国话！"客户和立威都被前辈的话逗乐了。

这时，客户改变了抗拒的态度，微笑着说："进来吧，'聪明绝顶'的大才子。我倒想看看你是怎么介绍你的产品的。"之后，客户和前辈相谈甚欢，最后还和他们签了单。

事后，立威终于明白了前辈成功的秘诀：想要让客户迅速接受你，自我介绍，乃至后面的交谈，都不能太呆板、严肃，而是要保持轻松幽默的态度。

可见,专业严谨是销售人员不可缺少的素养,但是幽默也至关重要。在与客户沟通时,如果你太死板、不苟言笑,就会让客户不想接近甚至厌烦。如果你能够幽默地进行自我介绍,就可以营造出一种快乐和轻松的气氛,让客户心情愉悦。在客户哈哈一笑之后,他就会对你产生好感,更愿意和你继续沟通。

所以,幽默是销售人员最好的名片,学会适时的幽默便可以让你获得意想不到的收获。当然,除了幽默之外,直接阐明个人的亮点也是不错的方法。每个人都有自己的优势、特点,都有别人不具备的亮点。如果在自我介绍的时候,销售人员能巧妙地展现自己的亮点,那么就可以让客户眼前一亮,牢牢记住你。

比如,你的亮点是记忆力好,你就应该在自我介绍中突出这一点。你可以这样告诉客户:"我的记忆力非凡,只要我见过一面的客户,我就可以记住他的名字、职业、喜好。我们公司的任何一款产品,我都可以详细地讲述其性能、特点、优势和劣势!"

再比如,你经验丰富,对于这个行业和这个产品了如指掌。那么就可以对客户说:"我从事这个行业已经有十多年了,非常了解这个行业和我们公司产品的特点,包括优势和劣势。可以说,我对它们比对我自己还要熟悉。"

产品需要挖掘卖点,销售人员更需要挖掘卖点。自我介绍就是自我推销的过程,只有你鲜明地展现自己的特点和亮点,才能让客户见识到你的优势,记住你的与众不同。

另外,自我介绍最忌讳唯唯诺诺、含糊不清。销售人员说话时应该做到清晰准确,声音洪亮清越,铿锵有力,最好是做到悦耳动听;还应该做到挺胸抬头、自信、落落大方。如此一来,你

的自我介绍自然会引起客户的注意，并且能够更好地展现自我。

总之，自我介绍对于销售人员是至关重要的，只有巧妙地介绍自己，把自己"推销"出去，你的销售才能有更好的开始。

开场白，如何一语中的

有些销售人员比较急躁，甚至说是急功近利，一见面就希望和客户达成交易。他们的开场白几乎没有任何寒暄，而是直奔主题："这产品很好的，您来一套吧。""你好，我是××公司销售人员，我们的产品……""您需要××产品吗？"

很显然这样的开场白是最糟糕的，容易让客户产生厌烦感。就像我们生活中找人办事，即便是最熟悉的朋友、最亲密的亲人都要寒暄几句，不能一张嘴就提要求，避免让人产生不舒服的感觉，更何况是陌生的客户呢！

不管是生活中还是销售中，我们与客户沟通都需要让自己的开场白有趣、有吸引力，如此一来，你的话才能勾起客户的兴趣，拉近彼此之间的距离，才能使得接下来的工作更好做。

那么，怎么样的开场白才能吸引客户，不至于让客户厌烦和反感呢？

简单来说，只要我们的开场白能够做到"有趣"，幽默的或是新颖的，生动的或是热情的，有礼貌的或是夸奖对方的，就能达到不一样的沟通效果。

比如，每个人都有强烈的好奇心，对于自己不了解、不熟悉的东西会产生浓厚的兴趣。销售人员若是能够在开场白中设置悬念、提出问题，或是展现新奇的东西，那么就可以激起客户的好奇心，急于了解更多的东西。不妨看看下面的故事：

在某街头有三个展销摊位，销售的产品是一样的，都是某一新款的防水手表。但是由于三种产品的生产厂家不同，各销售人员的竞争非常激烈。只见三名推销员都不遗余力地用自己的办法向客户介绍。销售员A看见有客户过来，就立即拿着手表向客户展示，并详细地介绍手表的功能、特性。可是，他的开场白毫无新意，介绍产品也像背说明书一样，所以那些客户对于他的介绍并没有多大的兴趣。

销售员B则在现场搞起了防水演示。他在摊位前放了一盆水，一旦看见有客户过来，就会把手表放在水里，然后介绍这款手表的防水功能。这一招还是挺有效的，可效果并不那么好，只有两三个客户在那里停留。

销售员C就不同了。他的开场白幽默、不落俗套，能够勾起客户的好奇心，所以吸引了很多人。他用的是什么方法呢？

每次有客户过来时，他就说："手表可以跟着你一起游泳、洗澡，你相信吗？这款防水手表绝对给你这个胆量。"

看见年轻的姑娘，他则说："每当下雨的时候，你需要一个给你撑伞的人。可是，如果你想要淋雨，那就需要一个陪你淋雨的它了，让你觉得自己不会孤单！"

想一想，是不是销售员C的开场白更有意思，更能吸引你的注意力。

所以说，不要小看开场白的作用，好的开场白是销售成功的前提。在销售的过程中，销售人员应该多思考、多创新，想出一些别出心裁的开场白。

同时，销售人员还可以事先准备一些有趣的话题，可以谈客户关心的话题，可以巧妙地寒暄……不管怎样，开场白需要把握客户的心思，抓住客户的注意力，并且让他对你产生好感。如此，之后的说服才会更有效，成交才会更有胜算！

汽车销售人员李飞参加了某市举办的车展，车展上人来人往，很多有意向的客户都前来参观。而李飞则客气地发放名片，并简单地介绍自家汽车的特色、性能。

不一会儿，李飞看到一位气质非常好、穿着非常有品位的女士，正向自己的展位走来。他知道这样的女士通常是有购买需求和购买力的，于是便热情地走上前去，客气地双手奉上自己的名片，说："女士，您好！我是××品牌的销售人员。"

没想到的是，那位女士本来脸色挺好的，一听到李飞的话，瞬间变了脸色。她冷冷地对着李飞说："我知道你们能说会道，善于把人夸上天。但是我今天可没有想买车，你别想跟我说那些花言巧语，这些话对我来说根本没有用。"

如果换了其他销售人员，肯定会尴尬地走开，甚至也会给客户摆脸色。但是，李飞并没有如此，而是机灵地说："女士，您说得太对了。很多销售人员都喜欢花言巧语，目的就是把客户哄高兴了。我真的是第一次见到您这么理智又有主见的客户。今天我就把那些恭维您的话收起来，和您说说实在话。您看您头脑冷静而又敏锐，肯定是职场女强人。像您这样身份的人就适合我们品牌的汽车，如果您想了解一下，我可以给您讲解一番……"

说完这一番话，这位客户的脸色又发生了转变，愉快地收下李飞的名片。随后，她还进入了李飞的展区，并和她交谈了起来。

虽然这位女士说自己不喜欢"花言巧语"，不喜欢被人恭维，可事实上没有人不喜欢被赞美和恭维。要不李飞说她"理智""有主见""冷静""敏锐"，她怎么会瞬间转变态度呢？李飞的开场白迎合了客户的心理，表面上"说实在话"，实际是夸奖客户有主见、理性。所以，他的开场白不仅缓解了尴尬的气氛，还扭转了客户对她的印象。

除此之外，销售人员还可以利用更多方式作为开场白，比如赠送一些小礼物、纪念品、招待券等；介绍新构想、新商品知识；提出让人思考的问题；动听诱人的故事；具有震撼力的话语，"这部机器一年内可让您多赚×万元……"

人们常说，说话以攻心为上。想要开场白一下就抓住客户的心，销售人员就应该在创意和客户心思上下功夫。只要你做到了这两点，就可以短短几句话赢得客户欢心，把客户的注意力集中到你身上。

做个有趣的人，叩开客户心门

聪明的销售人员与客户沟通有两大法宝，一个是赞美，另一个就是幽默。幽默具有不可忽视的力量，它可以缩短与客户之间的距离，可以缓解尴尬的气氛，使得现场气氛变得轻松起来，还可以轻松地化解客户的戒备心理和敌对情绪。简单来说，幽默，完全可以让销售人员轻松地征服任何一个客户。

不要觉得这很夸张。事实证明，那些销售业绩好的销售人员，身上都有幽默细胞，能够恰当地展现自己的幽默，能够轻易地逗客户开心一笑。

乔·吉拉德就说："缔结的过程应该是比较轻松的、顺畅的，甚至有时候应该充满一些幽默感。每当我们将产品说明的过程进行到缔结步骤的时候，不论是推销员还是客户，彼此都会开始觉得紧张，抗拒也开始增强了，而我们的工作就是要解除这种尴尬的局面，让整个过程能够在非常自然的情况之下发生。"

一位美国推销员曾经向一位妇人推销吸尘器，当他把一袋木屑倒在地板上时，妇人的脸色很难看，冷冷地说："你必须把我的地板打扫干净！"

推销员幽默地说："当然，如果我的吸尘器无法把它打扫干净，我就会用舌头把它舔干净！"一句话逗得妇人笑起来，缓和了之前尴尬的气氛。

所以说，幽默是一种神奇而又特殊的东西，它能够给别人带来快乐，也能拉近消除尴尬的气氛，起到化敌为友的作用。在与客户交谈的过程中，若是出现意见不合的情况，或是客户故意刁难的情况，销售人员不妨运用幽默的语言来化解，或许你会得到出乎意料的收获。

当然，幽默并不是简单地逗笑，而是一种智慧的体现。运用幽默的沟通手法，不仅需要销售人员具有高超的说话技巧，更需要有足够的气度，在关键时刻能够自嘲。

适当的自嘲，是一种高情商思维的体现，以玩笑的方式贬低自己，实际上是在有意识地抬高别人。别人听着心里舒服了、受用了，自然就更愿意和你成交了。

郭晨是一家保险公司的销售人员，平时说话幽默风趣，很是受客户的欢迎和青睐。很多次郭晨都利用自己的幽默缓解了尴尬的气氛，漂亮地赢得了客户的订单。

有一次，郭晨去拜访一个新客户，谁知那位客户的态度非常排斥，脸色也非常难看。他看了看郭晨递过来的名片，随手就扔在了一边。郭晨并不介意，微笑着说："您好，范经理，非常感谢您能抽时间见我一面，我知道您的时间非常宝贵，所以我会尽快介绍一下我们公司最近新推出的业务。"

但是那位客户还是毫不留情面地说："你不用说了。我实话实说，前几天你们公司的同事已经来过了，和我讲了很多，我根本没有兴趣买你们的东西。我之所以见你，就是想当面告诉你，我是不会买保险的，你以后别再给我打电话了。"

　　郭晨明白自己这次真的是遇到了比较难搞定的客户，但是自己打了这么多次的电话，好不容易得到见面的机会，怎能就轻易地放弃呢！他沉默了一下，看看自己与客户在相貌和身高上有很大的差距，便幽默地说："范经理，我们之前那个同事没能说服您，是不是因为他的长相不如我呢？"

　　听了这话，这位客户感到非常吃惊，先是愣了一会儿，然后脱口就说："他可比你好看多了，身高也比你高很多，最起码比你高一头吧。"

　　"那就是了，范经理，你肯定知道这句话：浓缩的都是精华。因为我的身高比他矮很多，头脑能装下的东西比较少，所以我把我们相关业务的关键信息都进行了浓缩，才记到大脑里。您相信我，听我的介绍，不仅不会浪费您的时间，还能让您知道核心的信息。"

　　那个客户虽然有排斥心理，但并非真的不近人情，听了郭晨幽默的话语之后，哈哈大笑起来。他笑着说："没想到，你说话还挺幽默的。那好吧，今天我就听一听浓缩后的精华到底是什么样子。现在，我只给你三分钟的时间，你就自己把握吧。"

　　结果，郭晨利用这短短三分钟的时间，说服了这位客户购买了一份新推出的保险业务。而郭晨的幽默风趣真正打动了他，使得两人从客户的关系变成朋友的关系。

　　遭到客户的拒绝，受到客户的冷嘲热讽，令郭晨很尴尬和难堪，可是面对如此尴尬的局面，郭晨并没有退缩，更没有恼羞成怒。因为他知道这是销售人员必须经历的过程，如果自己怏怏地离开,那么就彻底失去了这次机会;如果和客户直接"硬杠",那么会把情况搞得更糟糕。郭晨聪明地自嘲一番,用轻松诙谐的方式来为自己解围,结果一下就化解了对方的排斥和敌意,也为自己赢得了大好机会。

俄国文学家契诃夫说:"不懂得开玩笑的人,是没有希望的。"这里我们要说,不学着做一个有趣的人,是无法赢得客户的心的,更是无法取得更好的业绩的。

所以,不管是在生活还是销售中,幽默的力量是非常强大的。懂得幽默的人通常比其他人更受欢迎,能获得更多的机会。想要取得更好的销售业绩,我们就要努力地学习幽默的能力,修炼幽默的心态。

精准切入,为正式销售打开道路

对于销售人员来说,只有了解和满足客户的需求,才能把话说到客户的心坎里,才能继续之后的话题。

可有些时候,销售人员了解了客户的需求,却不懂得如何在沟通的过程中精准切入,把话题引到自己的产品上来。结果,虽然他们和客户聊了很长时间,聊得也很开心,最后却没有任何收获。

其实,找到切入点并不难,只要你能够把握好时机,自然而然地引入话题便可以了。比如,你想要推销保健品,那么谈到身体健康、作息习惯等话题的时候,就是你引入话题的最好切入点;你想要推销汽车,那么谈到交通、出行等问题的时候,你就

可以把话题引到产品上来。

所以，与客户沟通的时候，销售人员不要只顾着漫无目的地闲聊，而应该明确自己的目标，抓到能够切入话题的最好时机。否则，即便你明确知道客户的需求，也无法让销售工作顺利地进行下去。

李阳是一家保健品公司的销售专员，受众目标是一些中老年人。通过一段时间的工作，他总结出了一条销售的秘诀，那就是如果一上来就告诉老人自己是卖保健品的，绝大多时候会被当成骗子，给自己带来不必要的麻烦。想要赢得这些老人的信任，就必须了解他们的需求，满足他们的需求。这包括老人身体健康方面的需求，还有情感方面的需求。

可问题是，虽然他知道了这个秘诀，却始终找不到把话题引入产品的方法。这一天早晨，李阳坐公交车上班，当时车厢内挤满了人，好在他自己有一个座位。没过几站，一位六七十岁的老人挤了上来。出于关爱老人的目的，他立即站起来，把座位让给了这位老人。老人对李阳表示感谢之后，便和他闲聊起来。

李阳见老人行动有些缓慢，坐下来的时候还小心翼翼地，可能是腰部有些问题。于是，他便打算把这位老人发展为客户，推销自己的保健品。

李阳关心地说："阿姨，您是不是腰不舒服啊？您刚才坐下的时候，我看您好像有些费力。"

老人回答说："对啊，我平时身体还不错，别的毛病没有，就是腰疼。这是我年轻时落下的毛病了。"

"怎么不去医院看看呢？腰疼可不是小问题，您老应该重视起来！"李阳继续说道。

老人无奈地说："怎么没有去过，可是却没什么用。好几位医生都说我这把岁数了，又不能手术，又不能多吃药，最好是好好保养。"

李阳听了之后，就没有继续这个话题，而是询问起其他事情来。当得知老人是去超市买东西时，他说道："您这身体不舒服怎么还坐车去超市，怎么不让孩子们开车送您啊！一会买的东西多了，您怎么能拎得动呢！"

老人笑着说："孩子们工作都忙，有时还要忙到大半夜，早晨起来连饭都来不及吃。反正我在家也没什么事情，就当锻炼身体了。"

李阳问："那您孩子是做什么工作的？他们的工作肯定非常不错吧。我看您是有文化的人，把孩子教育得肯定很好，是有前途的人。"

听了李阳的话，老人自豪地说："他们都说是在外企工作，具体做什么我也没问。反正跟我说，我也不懂。小伙子，你是做什么工作的？这一大清早地坐公交车，你肯定也不容易，还要给我这个老太婆让座。"

李阳笑着说："没有关系的，阿姨。我就是一个打工的，肯定比不上您的孩子。"

老人则安慰李阳说："孩子，别这么说，以后肯定会好起来的。我那孩子虽然工作不错，可就是太忙了。他们夫妻工作都非常忙，一催他们要孩子就说自己没时间。我时常让

他们少加班，多锻炼身体，趁着我年轻，能帮他们带孩子的时候生个孩子。可是，他们就是不听话。小伙子，你结婚了吗？要是结婚了，就赶紧要孩子，不然忙来忙去都不知道为什么了。你说是吧？"

"阿姨，您还别说，我真挺喜欢孩子的，但是我都没有结婚呢。"李阳笑着回答说……

就这样，李阳和这位老人谈了一路，可直到老人下车，李阳都没有机会提及他的产品，更没有把老人发展为自己的客户。

对于李阳来说，老人是非常有价值的潜在客户——有明确的需求，愿意和李阳交谈，并且有足够的购买动机。但是，李阳却因为没有找到合适的切入点，错过了这一大好机会。

事实上，在谈话的过程中，李阳可以抓到的切入点有两个，一是两人谈到腰疼、保养的时候，一是老人询问李阳工作的时候。不管利用哪一个切入点，李阳都可以把话题引到自己的产品，然后进一步扩展话题，从而实现成交的目的。这就是李阳失败的原因，相信若是他不能有所醒悟，恐怕无法把销售工作做好。

虽然销售人员不应该直截了当地推销产品，应该适当地找话题与客户闲聊。但是我们也需要知道，这闲聊并不是毫无目的地闲聊，更不能让客户牵着鼻子走。如果你只是谈天说地，谈天气、谈趣事，却没有了解客户的需求，比如对方的职业、地位、兴趣、爱好等，然后利用这些话题进行切入，把话题转移到自己的产品上来，那么即便你与客户谈得再投机，恐怕也是白白浪费时间。

所以，在与客户沟通的过程中，销售人员需要不断地提问和刺激，然后及时找到切入点，顺势延展，如此一来，客户才能自然而然地受你吸引，愿意更进一步了解你和产品。

第五章
留下你的故事，
戳中他的心事

　　一个好的产品故事，具有非常大的感染力，不仅可以充分地展现产品的卖点，更可以撩拨客户的情绪情感，让客户产生情感认同。所以，销售过程中不妨用精彩动人的故事代替枯燥的解说，把故事讲好了，就可以把客户拉进你的阵营。

故事要有灵魂，才能动人心弦

对于大多数销售人员来说，讲故事是吸引客户注意、引起客户对产品注意的最佳方式。一个精彩的故事，要比枯燥的文字说明、冷冰冰的数据更能让客户心动。事实上，很多出色的销售人员都是高明的讲故事高手，包括很久之前乔·吉拉德、汤姆·霍普金斯，以及现在的乔布斯、雷军，等等。

可是，很多销售人员懂得讲故事是重要的，也想要讲好故事，但是却无法用故事吸引客户。因为他们只是简单地陈述故事，没有把故事讲得精彩，更没有碰触到客户的心灵。就好像你正在为职业发展遇到瓶颈而苦恼，别人却一直在你旁边说着某某娱乐明星的故事，即便他讲得再精彩，恐怕也打动不了你、吸引不了你吧！

所以，销售人员没必要非要讲惊心动魄的故事，非要把故事讲得精彩绝伦，而是应该思考如何讲能够碰触对方到灵魂。若是你的故事能够触及对方心灵最深处的某一点，即便是用朴实的语言，也可以吸引他的注意力。

不知道大家是否记得利群香烟的一则广告，它就讲了一个很好的故事：一个人坐车火车去旅行，看着外面的美景，他感慨地说道："人生就像一次旅行，不必在意目的地，在乎的是沿途的风景和看风景的心情。利群让心灵去旅行。"

"让心灵去旅行"——看似非常简单朴实的话，实际上却触动了无数年轻人的心。这是因为目前社会竞争大、人们压力大，很多人每天都拼命地工作，为了明天而努力、奔波。或许他们在某行业做出了成绩，或许刚刚进入社会，遇到了许多不顺和挫折。但是不管怎样，他们都身心疲惫，想要释放压力和心情，想要让身心去旅行。

听到这个故事，这些人可能会产生这样的思考：在人生历程中，我到底应该重视结果还是过程？在重重压力之下，我到底如何释放自己呢？不管他们思考的结果如何，他们都会被这个故事所体现出的人文气质所感动，都会被"利群"所吸引。正是因为如此，当时利群这个广告非常受人欢迎，它的产品和品牌得到了很大的发展。

所以说，想要把故事讲得动听，最好也是最有效的方法就是：给故事赋予灵魂，让它触碰顾客的心灵。当真挚的语言和动人的情节触动客户内心的某一点，或是某种情感，或是某种情绪，引发客户的思考，那么客户就会深受感动，甚至把它牢牢记在心上。

不要怀疑，一个故事是否有灵魂、是否能触碰到别人的心，真的非常重要。如果你还不信的话，不妨看看下面的故事，相信你会有所启迪。

拜伦是英国著名的诗人。有一天，他在街上散步时，看见一位盲人胸前挂着一个牌子，上面写着："自幼失明，乞讨为生。"在盲人旁边路过的行人来来去去，就好像没有看见一样。拜伦足足观察了1个小时，盲人手里的碗里还没有一分钱。拜伦想伸手帮帮他。于是，他走上前去，把盲人胸前的字擦掉，重新写上了一句话。这句话一写上去，奇迹就发生了。每个看到这句话的人都走上前去，伸出了援助之手。这句话是这样的："春天来了，我却看不见她。"

毫无疑问，这是个成功的故事。简单的一句话，却触动了所有的人心——春天是美好的，有鲜花、有温暖、有生机勃勃，每个人都心怀美好，向往美好，可是"我"却看不见这一切的美好！这强烈的反差道出了"我"的可怜，也触动了人们的心，刺激着他们慷慨解囊。

所以，设计一个能触碰顾客心灵的故事吧！只要你把故事注入灵魂，就可以用它感动所有人！

情感，是销售故事的第一要素

客户是千差万别的，每一个客户都有其特定的性格、兴趣、喜好和人格特征。因而，他们对不同故事的感受也有所不同，接受程度也有所不同。在某一客户看来，侧重数据的故事是可以接受的，而对另一客户，有血有肉的故事更吸引人；同样，某一客户喜欢听品牌故事，而另一客户则喜欢听产品故事。

但不管怎样，情感都是销售故事的第一要素。销售人员不管讲哪一类故事都必须在故事里融入自己的真情实感，与客户产生情感的共鸣。这是因为情感因素是人类接收信息的阀门，人们的语言、行为、情绪很容易受到情感因素的影响。比如，某客户本来对你的产品不感兴趣，可是你的故事触动了他内心的情感，让他产生情感共鸣，那么他就可能改变想法，愿意从你的手里买东西。

纵观那些在销售中成功的销售人员，哪一个不是善于打感情牌？汤姆·霍普金斯之所以如此闻名于销售界，是因为他总是能利用故事与顾客建立良好的情感连接，引起顾客的情感共鸣。乔·吉拉德在讲故事时非常真诚，总是能讲出触碰顾客心灵的故事，让顾客在听的同时不知不觉被感动。

然而，很多销售人员不会讲故事，讲故事像记流水账一样，简单地述说人物、时间、事件，然后硬把故事扯到产品上来。因为他没有投入真情实感，使得故事就像河流中的死水，让人感到僵硬、冷冷的，或是枯燥无味、干巴巴的，自然就无法吸引客户了。事实上，这样的故事还不如不讲。不信的话看看英迪拉·甘地的经历：

> 在她刚当上总理时，曾经做了一场失败的演说。那天，由于主持人突然宣布要她上台讲话，她完全没有准备，所以心里既紧张又害怕。但为了演讲继续下去，她还是强撑着，像记流水账一样讲了几分钟。当她讲完时，台下没有一个人鼓掌，她甚至听到有人嘲笑她说："她不是在讲话，是在尖叫。"

因为没有情感，没有与听众产生情感共鸣，所以英迪拉·甘地的演讲彻底失败了！如果你在销售的过程中如此做，那么也逃脱不了失败的结局。

　　就像美国《幸福》杂志里所说的那样："高超的销售术主要是感情问题。"充满感情的故事，常常是饱含热情的，洋溢着无限的活力，这样的故事谁不喜欢？所以，情感，是销售故事的第一要素，更是促使销售成功的最佳武器。

　　想要促成销售行为的成功，作为销售人员就应该把客户的情感和需要紧密地联系起来，充满热情地讲故事，讲充满感情的故事。你可以通过故事的引导和情绪渲染，把客户引入到故事情境中，使其感同身受；可以讲与客户经历类似的故事，促使他回忆自己的经历；可以塑造故事主人公的性格变化、情绪起伏，将他的情感融入到故事情境……

　　一对外商夫妇到国内一家珠宝店选购首饰，相中了一枚10万元的翡翠戒指，由于价钱的问题，外商夫妇一直犹豫不决，没有做出购买决定。这时，一个售货员跟这对夫妇说："这款戒指是我们的设计师为他的妻子设计的，他的妻子跟他结婚的时候，由于没有钱，当时没有戒指。后来经过两个人的努力，生活越过越好。但不幸的是妻子却得了癌症，在得知妻子患上癌症的那刻，设计师就开始为她设计这款戒指，一共花了近一年时间才完成。由于意义非凡，所以这款戒指生产得不多，全世界一共就10枚。"

　　当这对夫妇听完售货员的故事后，含着眼泪当下就付了款，拿着戒指心满意足地走了。为什么？原因很简单，从创始人的故事中，这位夫妻看到了曾经的自己，回忆起两人的爱情故事、生活艰辛，从而激发了内心最强烈的情感。所

以，在感同身受的情况下，他们的购买热情被从99℃推向了100℃。

人是情感动物，容易受情感的影响。尤其别人的故事与自己的经历、感受相通时，最能引起情感的共鸣。所以，情感是最有力的销售武器。顾客从愿意和我们沟通到做出购买决定，影响他最大的因素就是情感。任何一个销售人员都应该学会讲情感故事，力求做到动之以情，以情感人。

产品卖点，必须在故事中有所体现

一个产品如果有好的卖点，就能够激发客户的关注和好感，让他们产生购买欲望。所以，销售人员在讲故事时，应该直接把产品的卖点充分地呈现出来。

所谓卖点，就是产品与其他产品的不同之处，就是产品本身的优势和亮点。比如，产品的卖点是创新，那么在故事中你就需要体现其新理念、新技术、新材料等信息；产品的卖点是物美价廉，那么在故事中你就需要列出它的价格优势；产品的卖点是某一功能，那么在故事中你就需要展示产品功能有哪些、优势有哪些……

那么，如何提炼产品卖点，如何让卖点更吸引客户呢？

现在市场竞争激烈，销售人员只有着重突出自己销售的产品与别的产品的不同之处，才能吸引客户的注意，在众多同质化产品中脱颖而出。

现在全职妈妈越来越多，她们独自带孩子十分辛苦。如果能有一个地方，让孩子可以安全地玩耍，而妈妈可以坐在一边喝下午茶、看看书，享受一下安静的时光，是不是很美好呢？

小齐开了一家餐厅，就是把"亲子"作为最大的卖点。在店外的广告牌上，写着这样一段话：你是否想让孩子安全地玩耍？你是否想要与朋友安心地聊天、谈事？你是否想在吃饭时有片刻的安宁？你是否想与孩子度过美好的用餐时间？这里可以给你这样的享受。

这一卖点让他的餐厅与其他餐厅区别开，所以餐厅受到了很多家庭，尤其是全职妈妈的欢迎。

从这个事例，我们也可以看出，在提炼卖点的时候，销售人员首先要考虑的是客户的真正需求，而不是闭门造车。简单来说，客户对产品有什么样的需求，我们就需要提炼什么样的卖点。

当然，这并不是说我们可以脱离产品，尽管客户有某方面的需求，可产品却不具备这方面的品质，若是我们强行捏造的话，就有欺骗顾客的嫌疑。或许客户暂时会被这所谓的卖点吸引，但是肯定有发现真相的那一天，到那时候我们不仅会失去客户，还会毁坏自己的声誉和品牌的名誉。

除此之外，在讲故事的时候，我们还应该尽快让产品卖点成功地吸引住顾客，成为顾客眼中的亮点。因为一个产品无论其卖点如何好，如果不能让客户知道这个卖点带给他们的利益，那么

他们就不会产生购买欲望。客户没有购买欲望，那么这个卖点即便再好也没有任何意义。

想要快速吸引客户眼球，把产品的卖点转变成客户眼里的亮点，在讲产品故事的过程中进行现场演示是最好的办法。

结合故事进行现场演示，不仅能让顾客从我们所讲述的故事中听到产品的卖点，还能亲自感受产品的卖点，这种调动感官的方法往往能让顾客产生购买的冲动。来看看下面两个事例：

> 一位牙刷推销员在推销一种新式牙刷，而这款新式牙刷的卖点就是毛特别细、特别软，适用于牙龈敏感的人群。为了突出这个卖点，推销员在讲故事的时候说："某位客户的牙龈非常敏感，一刷牙就出血，他换了很多种牙刷都没有解决这个问题。后来，他购买了我们这款新式牙刷，结果牙龈出血的情况竟然得到很好改善。"说着，牙刷推销员拿来一个放大镜，用来看新旧两款牙刷，并且说："大家来看看，两种牙刷的毛真的有很大区别。我们的新式牙刷毛又细又软……"

就是利用这个简单的小故事，牙刷推销员把新式牙刷的卖点很好地体现出来，而因为有其他客户的事例和现场的演示，所以他的销售行为取得很好的效果。

> 一位推销蒸汽熨斗的销售员，在向他的客户讲产品故事，在故事里他很好地呈现了产品的独特功效和普通熨斗相比有哪些优点等卖点。虽然客户听了他的故事后表示赞同，

但却并没有要购买的意思。后来，他对顾客说："我来演示一下这种产品的用法吧。"然后在边向顾客讲产品故事边在现场进行演示。经过他的现场演示，很快使顾客眼前一亮：这种熨斗不仅要比其他熨斗经济实惠，而且使用起来效果更好、更方便。

于是，刚才还只是销售员口头讲产品故事的卖点，经过销售员的现场展示，马上就变成了客户眼里的亮点。而这些亮点也刺激了客户们的购买欲，纷纷掏出钱包购买商品。

总之，对于客户来说，一个产品的卖点就是它带来的巨大价值。好的产品卖点，能够引起顾客的强烈共鸣，并激发他们产生购买行为。相反，如果故事中你不能展现其卖点，那么客户就不会对产品产生深刻的印象，更不会被故事说服购买。

销售人员想要吸引客户，就应该学会在故事中展现产品的卖点，并且尽快把这个卖点变成客户眼中的亮点。

"我的故事"，最能引发客户信赖感

卡耐基曾经说："何为'合适的题目'呢？如果这个题目是你生活中的一部分，是你曾经经历过的、思考过的、学习过的，它存在于你的记忆中无可取代，那就是非常适合的题目。那又该如何去找寻这合适的题目呢？不妨翻开你的记忆，想想你曾经走过的路，经历过的生活，那些有意义的，让你印象深刻的事情是不是还存在于记忆中，那些故事是否能让你产生分享的冲动？"

在演讲的过程中，讲自己的故事更具有感染力和说服力，更容易让听众感同身受。与客户沟通也是如此。

故事感人，关键在于它的真实性，体现人们的真情实感，能够引起他人的共鸣。换句话说，销售人员应该讲真实的故事，讲关于自己的故事。

讲自己的故事，销售人员才能在故事中注入真情实感，才能让故事变得有血有肉。而讲他人的故事或是编造的故事，总是会让人缺少一些感觉，少了一些信任感。所以，乔·吉拉德说："我卖的不是我的雪佛兰汽车，我卖的是我自己。"

冯亮是一个大型商场的电视机销售员，他口齿伶俐，才思敏捷，是一个很会利用故事进行销售的销售员。但是，在一次的讲故事销售中，他却遇到了麻烦。

一天，商场举行大型促销活动。冯亮正热情洋溢地给顾客讲："我的朋友前两天购买了该品牌电视机，说这电视机画面非常清晰，音质也非常好，他打算在他妹妹结婚的时候送她一台作为嫁妆。"通常，冯亮讲完类似的故事后，客户就会对产品产生兴趣，做进一步的了解。

可这一天，冯亮遇到了较真的客户，他提问道："你说的都是别人的例子，那你们家也是使用这个品牌吗？"冯亮迟疑了一下，回答说："我们家使用的是其他品牌，因为……"话还没说完，这位顾客就噘着嘴说："你自己都不使用这电视，怎么知道它好不好呢？既然你自己都不买，为什么让我们买？难道你这是在忽悠我们！"听了这话，在场的客户都议论起来，而冯亮则是有口难言。

第二天，冯亮马上购置了一台自己所销售品牌的电视机，然后在向顾客讲产品故事时，总不忘提及自己家里的那台电视机。显然，讲自己的故事明显比讲别人的故事更令人信服，从此之后，冯亮的业绩一天天上升。

很多人像冯亮一样，喜欢讲其他客户的故事、讲朋友的故事，虽然这比干巴巴地讲数据更具有说服力。我们一直说，想要成功的销售，就必须要跟客户建立信任关系。同时，我们无法否认，讲自己的故事更容易让我们投入真情实感，更容易引发客户的信任感。更重要的是，如果销售人员讲的是别人的故事，或是虚构的故事，就会因为不自信而心虚，如此自然就无法赢得顾客的信任了。

所以，销售人员想要用故事打动客户，首先应该讲出自己的故事，让顾客信任自己，接受自己。同时，销售人员还需要努力提高自己的专业技能，提升自己的修养，把自己最好的一面呈现在顾客面前，如此才能更好地讲出自己的故事。

销售讲故事，要直击客户兴奋点

每个人都有他的兴奋点，这所谓的兴奋点就是，人在潜意识里有那么一块敏感区域，在受到刺激时很容易引起兴奋。比如，一个嗜酒如命的人，酒就是他的兴奋点；一个喜欢音乐的人，音乐就是他的兴奋点；一个打扮非常"潮"的人，时尚、流行因素就是他的兴奋点。

千万不要小看这样一个兴奋点。当我们进行说服时，它可以激起对方的兴趣，让对方愿意和我们交流，还可以成为突破客户的突破口，让自己处于主动、优势的地位。同样，销售人员讲故事也不例外，只要我们能够针对客户的兴奋点来讲故事，客户就会对我们的故事感兴趣，从而对我们的产品产生兴趣。

那么如何确定自己抓到了客户的兴奋点呢？很简单，在谈话时，我们需多观察对方的神情，当我们谈到某一个话题时，若是发现对方开始转变态度，由冷漠转为热情，由心不在焉转为兴致勃勃，那么这个话题就是对方的兴奋点。

周翔是一个游戏软件公司的推销员。一次，周翔到某地去推销自己厂里的产品，当他来到一家朋友事先打好招呼的小公司时，业务员爱理不理地对他点了一下头，然后继续趴在电脑前玩他的游戏。

过了十几分钟，那业务员依然没有搭理自己的意思。周翔想："这怎么行？我不能一味地等待，我应该主动一些。"于是，他先开了腔："您好，我就是前几天张刚跟你们说的那个人，听说你们这里对我们的产品感兴趣，所以，我今天带了一些样品，向您详细介绍一下……"

周翔的话还没说话，业务员便打断他说："你先等会儿，我正忙着呢！"周翔无奈，只好保持沉默，重新坐下。等了一会，见业务员还没有和他谈的意思，周翔站了起来，走到业务员的身边。周翔平时也喜欢玩游戏，一眼就看出了业务员正在玩自己平时玩的游戏。而且，业务员打的这关非常难打，自己也是花了很长时间才能过关。

于是，周翔就站在业务员的身边，有一句没一句地提醒业务员，哪个地方应该注意陷阱，哪个地方应该发射什么武器，对方的致命弱点是什么……在周翔的提醒下，业务员终于打过了这一关，然后兴奋地说："哈！没想到你还是高手！这一关我打了好久都没有成功，今天真是谢谢你！"

周翔笑着说："这一关确实很难，我也打了很长时间才积累了一点经验！我本来就是游戏公司的，接触的游戏比较多……"接下来，周翔和业务员聊起了这款游戏，包括两人到了什么等级，遇到过什么样的强手和弱手，过关的技巧等等，两人相谈甚欢。

同时，周翔并没有忘记自己的目的，在交谈的过程中，他生动地讲述了自己如何利用公司产品赢得游戏的故事，而业务员对这个故事也非常感兴趣，主动地问起产品的事情。事情的结果很简单，周翔和业务员成了好朋友，这个公司也成了他的合作伙伴。

周翔是非常聪明的，他看到业务员是一个游戏迷，判定游戏是业务员的兴奋点，于是他抓住时机，以游戏的话题为切入点，讲述业务员感兴趣的故事，进而达到了自己的销售目的。

由此可见，销售人员不能打动客户，并不在于产品，也不在于其口才，关键在于是否能抓住了客户的兴奋点。抓住了客户的兴奋点，你的故事便显得生动有趣、具有强烈的吸引力，若是没

有抓住客户的兴奋点，那么即便你的故事高潮迭起，恐怕也无法在客户心中生起涟漪。

所以，在向客户进行销售时，销售人员不要只顾自己说话，而是应该善于察言观色，让客户积极地与你互动，关注客户的话语和神态以及情绪的变化，哪怕只是细微的变化。在互动的过程中，你才能慢慢了解他，分析他的性格特征、兴趣爱好，找到隐藏着的兴奋点，从而讲述"他"的故事。

乔·吉拉德就非常善于找到客户的兴奋点，然后引导客户听自己讲述故事。

一天，一位看上去很羞涩的男士走进了乔·吉拉德所在的汽车销售店，乔·吉拉德主动走过去对他说："我有一项本领，一眼就能看出一个人的职业。"男士笑了笑，并没有说话。乔·吉拉德接着说："你肯定是一位律师。"

在美国，律师是一个受人尊敬的职业。即使乔·吉拉德说错了，顾客也不会因此生气。因为这恰好表明在乔·吉拉德的心中他是有地位的。

男士听完乔·吉拉德的话，抬起头说："我不是律师。"乔·吉拉德问道："噢，对不起，那么你是做什么工作的呢？"男士不好意思地说道："我是一个宰牛场的屠夫。"男士也许想象了几十种乔·吉拉德接下来的反应，但令他惊奇的是，乔·吉拉德竟激动地说："哇！太棒了，一直以来，我都在想，我们吃到的牛肉到底是怎么来的。如果你方便的话，能给我讲一下吗？"

男士也许被乔·吉拉德的真诚和热情感染了，接下来，他用了20分钟给乔·吉拉德讲了如何杀牛的过程。男士在讲述杀牛时，乔·吉拉德也趁机带着他看了店里的几款汽车。20分钟后，乔·吉拉德已经设计好了一个关于"他"的故事，等男士说完。乔·吉拉德对男士说道："你知道吗？我们店里有一款汽车非常适合你。因为车里有一个设计非常像一个牛头，如果你开着这款车，一定会让你的同事们羡慕不已……"

当乔·吉拉德把这个故事讲给男士听后，男士立刻要求乔·吉拉德带他去观看这款汽车。最后，男士不仅买下了这款汽车，还邀请乔·吉拉德周末去参观杀牛。

乔·吉拉德通过简单的交谈，抓住了顾客的兴奋点，然后借此讲客户感兴趣的故事，引起对方的共鸣，从而使自己的成功销售获得了有力保证。

在讲故事的时候，找到客户的兴奋点真的非常重要，因为只有让客户兴奋起来，他们才愿意听我们说故事，才有耐心了解故事背后的产品。同时，当客户处于兴奋的时候，防范心理会松懈，则更有利于拉近我们和他之间的关系，让交谈更进一步深入。

或许很多销售人员会提问，如何找到客户的兴奋点？很简单，只要我们细心观察，用心分析，便可以很容易地从客户的言行、装扮、兴趣爱好、家庭布置等信息捕捉到顾客的兴趣点，进而讲述他自己的故事。

　　如果我们不能从客户的言行举止捕捉到客户的兴奋点，也可以尝试着制造一些兴奋点。比如，谈一些社会热点话题、针对女性客户谈一些娱乐八卦、针对男性客户谈一些体育赛事；再比如，看到客户带着小孩时，可以谈一些育儿的谈话、夸赞孩子长得可爱、漂亮等等。这些话题不仅可以缓和我们与客户之间的气氛，还能制造出新的兴奋点，引导顾客交谈下去。

　　这听起来非常简单，事实上，能让故事直击客户的兴奋点并不是一件容易的事。如果你判断失误，那么就很容易让自己与客户的互动进入危险地带，与客户就处在"话不投机半句多"的状况。

　　所以，销售人员必须在讲故事前多下功夫，耐心地与客户沟通，很好地与客户互动，揣摩客户的心理，为讲故事打下坚实的基础。

抓重点，做文章

　　说服客户并不容易，尤其遇到性格顽固的客户就更不容易了。如果我们不了解对方，不能摸透客户的心理，那么恐怕费了半天讲故事，到最后也只能碰钉子。可是，若我们能捏住客户的七寸，针对它的需求讲故事，就可以一击即中，实现自己的销售目的。

　　那么，如何捏住客户的七寸之处呢？首先，我们需要通过查询或观察收集顾客的个人信息，真正了解客户。拜访客户时，我们可以通过网上或他人查询顾客的相关信息，也可以在与其接触的过程中通过观察其行为或说话方式，甚至着装打扮来收集顾客的个人信息。

当我们把客户的个人信息收集好以后，接下来要做的就是仔细研究客户，找到客户的心理需求。每个人都有需求，都有急于改变的一点，若是我们能找出客户最想得到的利益和最大的弱点是什么，然后进行针对性地说服，那么成功的概率会增大很多。

来看看下面这个真实的案例：

一天，一个长得很胖的女孩走进了一家服装店。在店里，女孩一直在不停地看衣服，可是却不肯进试衣间试衣服。每次，看到好看的衣服时，脸上总是露出喜欢的神情，可是一会儿过后，又低着头露出伤心的样子。一直跟在后面的导购员小丽看到后，明白了女孩的心思。

小丽在店里挑了一件黑色的连衣裙，拿到女孩面前，对女孩说："你要不试试这件衣服。前两天有一个女孩，跟你一样的身材，她一眼就看中了这件裙子。穿上后，特别显瘦。"女孩听了导购员给她讲的这个故事后，拿着裙子进了试衣间。

果然，这件黑色裙子非常显瘦，女孩穿上它之后身材没有之前臃肿了。女孩立即买下了这件裙子，高兴地离开了。其他导购员过来向小丽讨教经验，问道："这个女孩开始一直不试衣服，估计是随便看看的，你为什么判断她会买那件衣服？又为什么能这么快成交？"

小丽笑着说："其实，她内心非常渴望买漂亮的衣服，但是担心自己穿着不好看，怕遭到别人的笑话，所以才一直不肯试穿。女孩长得很胖，对她来说，胖就是她最大的弱点。所以，我就给她找了一件显瘦的黑色裙子，再给她讲了另外一个女孩的故事，让她相信黑色裙子会让她很漂亮，她自然就高兴地买单了。"

小丽正是由于抓住了女孩"胖"的重点，再加上女孩都爱美的心理，然后给女孩讲了一个"穿上这件衣服后，既显瘦又漂亮"的故事，最终达到了自己销售的目的。

古人说，"欲成天下之大事，须夺天下之人心。"意思是说想要成就大事，就必须了解和掌握人们的心理弱点。销售就是销售人员与客户之间的心理战，想要成功说服客户，销售人员除了练就出色的口才，还必须善于把握客户的心理，利用客户的心理弱点进行说服。当我们捏住客户的七寸，利用它大做文章，便可以掌握主动，攻其不备，则可无往不利，战无不胜。

当我们讲故事时，不妨先问问自己：我了解客户的心理吗？我知道客户的心理弱点吗？如果没有，那么请在行动前做好准备吧！

冲动消费知多少

你在商场看中某件衣服，觉得它非常特别、好看。当销售人员夸你如何有气质、如何漂亮的时候，你的内心就会产生强烈的购买欲，直接想要掏钱结账。可是，若此时你接个电话，与朋友交谈了一会儿，并且谈论到身上的衣服，你的购买热情就会消退，发现它并没有之前那样特别、好看，从而打消购买的想法。

所以，销售不是拉锯战，更不是长久战。根据研究显示，在消费领域中80%的消费者的购买决定是在15秒钟以内完成的，客户的心动导致冲动购物。这也就告诉我们，想要成功销售我们应该善于激起并利用客户的冲动情绪，抓住成交的大好时机。否则等客户的冲动情绪熄灭，那么我们的销售就可能面临困境甚至直接失败。

要想在销售中取得辉煌的业绩，销售人员就要抓住客户心动的那一关键时刻，讲一个刺激客户的故事，让客户直接把购买欲望变成实际的购买行动。下面就是一个很会利用讲故事撩拨顾客冲动情绪的销售人员。

小杨是一个商场手表销售柜台的销售员。一次，一位妈妈带着儿子来到小杨所在的销售柜台买手表。小杨拿出好几个价位的手表给这位妈妈看后，她都表示不满意。作为销售员，小杨当然想把价格较高的手表推荐给对方。当他正准备介绍手表时，注意到儿子脸上的不耐烦。正是由于儿子不认可导致这位妈妈犹豫不决，不敢做出购买决定。换句话说，只有儿子点头，小杨的手表才能卖出去。

于是，小杨拿出一款刻着"CF"的图样的运动手表，笑着对母子俩讲了这样一个故事：

"你知道吗？这款运动手表月初刚上市。每天都有很多学生前来购买这款手表，到现在已经卖出上百条了。我觉得很奇怪，就问他们为什么这么喜欢这款手表。一个学生告诉我说这款的样式非常像'穿越火线'里的战术背心。"

男孩听了小杨所讲的故事，抬起头认真地看了几眼这款手表，然后非常肯定地对妈妈说："我就要这款手表。"

从小杨的例子，我们不难得出：客户的心动就犹如那千分之一秒的火花闪现，销售人员必须及时抓住这个机会，促使销售行为的成功。否则等到客户心动的火花熄灭，那我们的故事即便再精彩，恐怕也很难打动客户的心，让他重新燃起购买的欲望。

当然，客户心动的瞬间虽然短暂，却必定伴随着许多有特征的变化和信号。我们只有善于感知他人态度、情绪、神情的变化，才能及时根据这些变化和信号来判断时机。比如，语言是客户流露内心购买意向最直接的方式，若是客户询问售后服务、使用方法、交货时间、保修期、赠品或附件等等问题，那么就代表他已经产生强烈的购买意向。这个时候，销售人员应该及时讲出销售故事，帮助客户排除疑虑，抓住时机在故事中强化产品优势，引导顾客做出购买决定。

再比如，若是客户开始挑产品的毛病，销售人员不要急于反驳，更不要恼羞成怒。因为只有具有购买意向的客户才会注意产品细节，他们挑毛病只不过想要在价格上"讨些便宜"，这个时候销售人员应该讲一些客户反馈的故事，强调产品的品质，或是给予价格上的优惠，促使客户尽快下决心。

除了语言之外，客户面部表情也透出其内心欲望。当客户对产品感到心动，并准备做出成交决定时，他们的眼睛发亮地关注着产品、不时地嘴角上扬表现出对产品的喜爱之情、神情轻松自然满意、眉宇舒展等。若是发现客户有这些表情，销售人员就应该抓住时机，及时讲出销售故事，促进顾客做出成交决定。

总之，大多数情况下，人们做出购买决定并不是理智的，而是来自冲动的情绪。而且这种情绪是稍纵即逝的，销售人员只有仔细地观察客户的语言、神情、动作，才能捕捉到顾客心动的信号。

然而，在现实生活中很多销售人员并不懂得这个道理，认为只有自己把所有问题都讲明白，把销售故事讲得透彻，对方才能接受自己的观点，产生购买的欲望。殊不知拖住客户的时间越长，客户的积极性就越低，购买欲望就会越低。因为时间越长，客户就越理智，顾虑的问题就越多。

所以，作为销售人员，在讲故事时只要能够把握客户的心理，利用巧妙的故事来刺激客户的冲动情绪，便可以直击客户的兴奋点，促使销售尽快成功。当然你的故事不能具有欺骗性！

讲销售故事，生动性和趣味性也很重要

很多人认为销售人员就应该专业严肃，即便讲故事也不能脱离专业性，否则就会给客户不好的印象。可是他们却忽视了

最重要的一点：故事必须生动、有趣才能打动人，才能引起客户的共鸣。

如果销售人员讲故事时一脸严肃，故事里尽是专业术语、专业数据，那么就会让故事变得枯燥乏味、艰涩难懂。如此一来，别说说服客户购买产品了，恐怕让对方听下去的可能都没有。

不信看看手机销售员小魏的案例：

小魏是一家手机店的销售员，从事手机销售已经很多年，可虽然他很有热情、又专业，业绩却并不算好。他一直不明白为什么，其实只要我们看看他是如何和客户沟通的便会明白。

比如有一个年轻时尚的女士想要买手机，小魏热情客气地询问："您好，请问想看哪一种类型的手机？"

女士回答说："我现在的手机用着非常卡，有时候想要打游戏，好半天也打不开，甚至突然就死机了。"

这时，小魏笑着对这位女士说："您看看这一部手机，是××品牌新推出的一款智能手机，CPU是4核的，手机内存是6G，主打系统流畅。该手机的研发人员通过收集市场数据，了解到……"

小魏滔滔不绝地说了一大堆，听得这位女士直皱眉，连忙打断他说："好，我知道了。我想继续转一转。"

小魏依旧不紧不慢地解释说："不管是从配置还是设计来说，这款手机的性能都是最好的。您看……"可他还没说，这些女士就匆忙离开了。

这下你明白了吧！小魏的故事讲得太专业了，客户又不是专业人员怎么能听得懂这些专业术语、专有名词？其实，他完全没有必要说自己推荐的手机参数有多高，只要能简洁的语言向客户说明它的优势便可以了，或是尽量把专业名词转化一下，用简单生动的方式表现出来。如此一来，客户才能产生倾听的兴趣，并且产生购买的欲望。

与客户沟通的时候，尤其是讲解产品的专业术语、专有名词时，销售人员应该注意生动性和趣味性，让自己的故事更具有吸引力。与此同时，销售人员应该尽量把故事讲得生动，就好像家长给小朋友讲故事一样，做到绘声绘色才能以最短的时间吸引顾客的注意力。

来看看有一个叫微微的销售员是如何做的：

微微很善于讲故事，幽默的言语，加上夸张的肢体动作，总是能逗得客户开心一笑。一次，微微向一位客户推销保险，可对方的购买意向并不强烈。微微没有着急推销，而是讲了一个有趣的故事，而且在这个过程中，微微总是跟着故事里的情节做出相应的动作。她是这样讲故事的：

从前，一个大臣因为犯了错，被国王下令处以绞刑。大臣为了活命就苦苦地哀求国王："陛下，你不能杀我啊！"微微讲在这里时，做出了一副苦苦哀求的样子。

然后，微微又用国王严肃的语气继续说："我为什么不

能杀你？"大臣说："因为我可以让陛下的白马飞上天！"讲到这里，微微做出非常吃惊的动作，扮演国王的角色说："真的吗？"大臣说："真的，你给我一年的时间，我如果做不到，你再杀我也不迟啊。"于是，国王下令把大臣关起来，让他想办法让白马飞起来。

一个侍卫很好奇，问大臣："你真的能让白马飞起来？"大臣回答说："不能，但是未来一年的事情谁能说的准呢？也许国王驾崩了，也许白马死了呢？"

微微绘声绘色地讲完了故事，客户也被她的幽默逗乐了。这时，微微对顾客说："一年的事情谁也说不准，对吗？既然如此，你为什么不趁早买一份保险？"

听了微微的话，顾客的笑声更大了，他没有想到微微在这里等着他呢！此时，他已经改变了主意，痛痛快快地买了一份保险。

同样是讲故事，为什么小魏和微微的差别如此大？关键就在于他们讲故事的方式不同。前者故事不精彩，讲得也不生动；而后者却不一样了，故事非常有趣，而且微微还借助了身体语言，让故事变得更有趣、更具有感染力。

著名销售大师原一平曾经说过这样一句话："一个故事如果不能够逗人乐，那么，这个故事其实就可以不用讲了。"销售人员应该明白一个道理：把故事讲给客户听，其实就是你说服客户的过程。大多数时候，客户都会存在着防范心理，若是你的故事讲得不生动，那么客户的防范心理就会加强，使得销售行为彻底失败。相反，若是客户被你的故事打动，那么防范意识自然就会慢慢消除，慢慢地对你产生好感，从而更愿意与你继续沟通下去。

对于销售故事来说，生动有趣是至关重要的。所以，讲故事时，千万不要忽视故事的生动性和趣味性。

第六章
在客户眼中，你有哪些吸引力

为什么客户选择你，而不是其他人？因为你是产品专家，能够为客户提供专业服务；因为你值得信赖，能够给客户安全感和依赖感；因为你的产品物美价廉，经济实惠……这些都是你与众不同的地方，更是你吸引客户的地方。打造属于自己的吸引力吧！

从客户需求出发，是最有效的销售方法

许多销售人员抱怨：现在销售越来越难做，竞争实在太激烈了，客户要求实在太高了。这确实是事实，可难道销售人员就没有出路了吗？当然不是，要不然为什么那么多聪明的销售人员能找到商机并做出好业绩？

激烈的竞争给销售人员带来了挑战，更多时候也给他们带来了机遇。只要与客户的沟通中能够从客户需求出发，给客户带来最新、最好的体验和感受，便可以从竞争中脱颖而出。

我们知道，方便面是日本人发明的，而它之所以被发明，就是为了满足人们吃面条和节省时间的双重需求。

日本人喜欢吃面条，几乎是每天都要吃，这是他们的传统主食。可是，每次为了吃到美味的面条，他们都需要在饭店面前排长长的队，不管是寒冬腊月，还是酷暑时节。于是，有些人时常抱怨说："每天排长队去吃面条，简直是太浪费时间了。我们在其他事情上争分夺秒，节省出来的时间竟然全部浪费在这上面。难道就没有什么两全其美的方法吗？既能够让我们吃到美味的面条，又可以让我们节省时间。"

这时，一位名叫安藤百福的人关注到了这个问题，他认为这是很多客户的需求，而且客户群非常庞大，谁能够抓住

这个商机，肯定能获得一大笔财富。

经过不断的实验，他终于研发出了一款简单易熟的面条，用热水一泡就可以吃，省时又美味。方便面就这样诞生了，深受那些爱吃面条又没有时间等待的人的热烈欢迎。后来，方便面迅速成为全世界最流行的食物，成为即食食品的重要代表。

可见，从客户需求出发，是最有效率的销售办法。在销售的过程中，我们只有把客户的需求真正落到实处，才能打动客户并且顺利完成销售任务。换句话来说，成功的销售建立在满足客户的需求之上。为什么淘宝、京东等电商网站能够以迅猛的速度发展，就是因为它们满足了人们渴望方便购物的需求。为什么美团等外卖平台能够成为电商行业的巨头，就是因为它们满足了人们"懒惰""图方面"的需求。

然而，很多销售人员并不懂得这一点，他们总是抱怨客户的心难以捉摸，抱怨自己找不到更好的客户。这些销售人员的关注点永远是自己的业绩，想着尽快说服客户成交。可是你连客户的需求都不知道，连客户的感受和想法都不深入去了解，又怎么奢望客户愿意买单呢？

立强在商场推销油烟机，一天，一位中年妇女来到展台，想要购买一台抽油烟机。立强立即迎了上去，说道："大姐，您需要看看油烟机吗？这款是我们这一季的最新款，采取最新技术，人性化配置了60秒延时关机和油污清理提醒，而且它的噪音非常小……"

话还没有说完，中年妇女就说："嗯，这一款确实不错，不过价格肯定也不便宜吧！"

立强笑着说："大姐，一分价钱一分货。现在人们都讲究健康，您看您每天都要为家人操劳，做饭时还要被油烟'毒害'，咱们得为自己的健康着想不是。这款抽油烟机的吸力非常大，能够全面吸净厨房的油烟。"

听了立强的话，中年妇女笑了笑没有说话，过了一会儿，她问道："你这里还有别的产品吗？"

立强又向中年妇女介绍另一款高档的油烟机，说："这款也是我们当季的新款，外观高端大气上档次，全程智能吸油烟……您看我们这款新品，噪音多小，吸力多强，你看它还有很多功能……"

立强迫不及待地介绍自己的产品，从产品质量说到了销量情况，从功能说到了外观，简直把产品夸得是天上有、地上无。结果这位中年女士还是没有购买，没等他介绍完就离开了。立强看着中年妇女的背影，不明白自己为什么失败了。

其实原因很简单，立强的产品确实不错，态度也很热情，可是他只顾着介绍自己的产品，却忽视了客户的需求。显然客户需求价格低、实用性强的产品，至于外观、设计、是否智能都不是她关心的问题。而立强却忽视客户的需求，一再推销所谓高档大气、全自动的产品，又怎么能打动客户的心？

销售的核心就是客户，销售人员最需要做的就是满足客户的需求，帮助客户解决难题。谁能更好地做好这一点，谁就赢得客户的喜欢，赢得更多的业绩。相反，谁忽略了这一点，那不管产

品多么好，也只能是白费功夫。

所以，作为销售人员首先必须从客户需求出发，知道客户需要什么样的产品，钟爱什么样的产品。如此一来，在与客户沟通的时候才不会碰钉子，才能顺利地完成销售任务。

你必须做一个专家，客户才会信赖有加

怎样赢得客户的信赖？

回答这个问题前我们不妨看看下面的故事。

李先生想要去上海拜访一位重要客户，为了给客户好的印象，他决定购买两件衬衫来搭配新西装。这天，李先生来到一男装店，导购见到他立即热情地招呼："先生，欢迎光临。我能为你服务吗？"

当李先生表示想买一两件衬衫时，导购立即热情地把他带到整框的衬衫面前，然后一件件从架上取出来摊开，说："我们的衬衫质量都很好，不管是材质还是款式都是一流的。您看这几件都非常适合您，不如您试一试吧……"李先生看得眼花缭乱，难以抉择，然后就借口离开了。

之后，他又走进第二家店，招待他的是一位年长的男导购。当他说出自己的要求时，男导购双眼注视着他，问道："请问，您想在什么样的场合穿这些衬衫？"

李先生说："我过几天要拜访一位非常重要的客户。"

男导购说："好的，我明白了。那么，您有适合的西装吗？它是什么款式和颜色？"

李先生回答："我前段时间买了一件深灰色西装，款式比较成熟、稳重，适合商务活动。"

男导购点点头，继续问："您比较喜欢什么颜色和款式？心里有想法吗？"

李先生回答说："最好稍微时尚一点吧。"

男导购想了一下，说："好的，我觉得这里这几款比较符合您的要求。比如这件成熟设计感很强，但又不是那么张扬。它的款式和材质都适合正式场合……"接下来，男导购向李先生展示了几款新款衬衫，并且一一解释了它材质、剪裁、缝制、袖口、价格以及维护方式。同时，他还介绍了如何搭配领带的技巧和秘诀。

显然，这位男导购的专业和热情得到了李先生的肯定，半个小时之后他买下了那两款衬衫还额外购买了两条领带。

为什么李先生选择在第二家店购买，却急匆匆地离开第一家店？其实关键在于其导购的销售方式不同。第一家店的导购属于告知型销售，即只是以卖出产品为目的，重点强调的是产品本身，而不是从客户实用性出发。而第二家店的导购就不同了，他是属于顾问式销售，不仅从客户的需求出发，而且还能根据客户的情况给予专业性的建议和引导。

对于客户来说，很多时候对产品不了解，对于自己适合哪一款产品也不清楚。这个时候若是销售人员能够从客户的角度出发，提供完整的、适合的解决性方案，解开客户的疑惑，解决客户的难题，那么就会赢得客户的信赖，进而促使销售活动的成功。

所以，在销售的过程中，销售人员一定要提高自己的专业技能，为客户提供专业化的指导意见，帮助客户做出符合自己需要的选择。这并不难做到。只要销售人员对自己的产品了如指掌，耐心地询问客户的需求，然后根据客户的需求进行分析，便可以为客户提供高水准和专业的服务。同时，我们还需要了解、分析市场行情，发展现状及存在问题等，能够回答客户提出的各种疑问，并解决客户所遇到的各种问题。

或许有人要问了，为什么我们需要了解其他产品的信息？这是因为只有了解整个市场的具体情况，了解竞争对手和同类产品的优势和劣势，销售人员才能最大限度展现自己产品的优势，为客户提供更好的意见和建议。

销售人员方凯就是因为对自己产品不了解，错失了大好机会。有一次，他向一位客户推销，客户的购买意向很大，便多问了几个专业性的问题。开始方凯还能对答如流，把产品的工艺、特色、优势都一一给客户介绍清楚。可当客户问到一些其他公司产品的问题时，方凯就有些含糊了。他只了解其他产品的名称，对于其优势、特点一无所知。有了对比，客户才知道自己的选择是否正确，才知道你的建议是否合理。因为方凯对同类产品的不了解让客户怀疑他的专业性，所以方凯失去了这个客户，使得到手的单子飞了。

总之，想要让客户信任，你就必须做个专家，在与客户沟通时凸显自己的专业性。否则，即便你跑折了腿、磨破了嘴，客户依旧不会愿意买账。

不过销售人员还需要注意一个问题，那就是你是真的专家，而不是伪装成一个专家。当你遇到不懂的问题时，不能为了赢得客户的信任而不懂装懂，也绝不能用"大概""可能""也许""差不多"这样的话来搪塞客户，否则就只能适得其反。

销售人员不可能对所有知识样样精通，不懂也没有关系，虚心学习，丰富自己的知识，提升自己的业务能力，客户对你的信任值才能逐步提升。

打造客户依赖感，
让他成为你的忠实粉丝

当你外出就餐的时候，你会选择点哪一样菜？

当你和朋友约会聊天时，你会选择哪一家咖啡馆？

当你想要购买日常用品时，你会最先想到去哪一家超市？

相信对于这个问题每个人内心都有自己的答案。我们购物或是享受服务时，总是会不自觉地选择自己最信赖的、给自己感受最好的那一个，而且还会自然而然养成一种习惯。这种习惯让我们成为某一产品的忠实客户，让我们对它产生了依赖感。即便发现再好的产品，恐怕也无法取代它在你心中的位置。

当然，作为销售人员你也可以利用这种习惯，培养客户的信任感和依赖感，让客户习惯使用你的产品，习惯购买你的销售服务。客户的依赖感越强，黏性就越高，成为你忠实客户的可能性就越高。只要他有这一方面的需求，第一个想到的便是你，而不

是其他人。

在这一方面，美国著名的杰尔森食品商店做得非常好。

美国洛杉矶有一家杰尔森食品商店，这里货品齐全，完全可以满足日常零碎物品的购买。这里的工作人员也一直很稳定，而且服务非常好，每当客户挑选好东西时，他们总会笑着说："我们会为您把熟肉切好！""柠檬不能和虾、牛奶等一起食用，我们给您贴个安全提醒。""牛奶现在喝吗？需要加热吗？"

他们还提供电话送货服务，比如水果。因为这家商店距离酒店很近，很多客户不愿意外出的情况下就会给这家超市打电话，要求配送新鲜的水果过去。而商店工作人员会选择最新鲜的水果，以最快的速度进行配送，且价格要比酒店里的水果更便宜一些。

最重要的是，杰尔森食品商店的工作人员非常热情，会无偿为客户提供周到的服务。即便客人不买东西，只是换取零钱，工作人员也会笑脸相迎，热情地说："请您慢走！有需要您再来！"

一次，一个外地人到洛杉矶出差，因为人生地不熟，便提前准备了一张地图。可地图标记并不算太清晰，这个人不知道自己要去的地方有多远，具体应该怎么走。在杰尔森食品商店买早餐时，他随口问了工作人员一句，工作人员笑着说："这里的交通线路比较复杂，不如我给您标记一下行走路线吧！"

这个人当然求之不得，立即表达了自己的感谢之情。

于是，工作人员将地图摊放在茶几上，先用铅笔标出他们当时所在的位置，然后画出了一条清晰的线路图。同时，他还在地图旁标记了需要坐几路公交车、下车后需要步行多长时间、如果打车的话需要多少时间，等等。结果，这个人顺利地办成了事情，节省很多时间和精力，之后他再次到洛杉矶出差不管会住哪个酒店，还会选择光临杰尔森食品商店，成了它最忠实的客户。

显而易见，杰尔森食品商店的贴心服务、热情周到让客户产生了信任感和依赖感，而这种信任感和依赖感使得客户成为它最忠实的拥趸。

销售人员都应该向杰尔森食品商店学习，在销售的过程中不要急于向客户推销，也不要急于让客户成交，而是懂得用自己的产品和服务培养客户的信任感和依赖感，培养客户的黏性。当这种依赖感和黏性一旦产生，即便你不推销客户也会蜂拥而至。

相反，若是客户没有对你产生信任感和依赖感，那么即便你这次销售成功了，之后也有丢掉客户的危险。因为市场竞争异常激烈，人人都争客户、抢资源，只要别人能提供新的产品或服务，只要别人的优势比你大，那么你就可能跑单。

事实上这样的情况很常见，很多销售人员都会抱怨："我参加工作两年多了，为什么没有积累下老客户？为什么总是出现丢客户的情况？""我每次与客户联系，他们都会说有需要再联系，可是他们却很少联系我，这是为什么？""我每天都在跑客户，可是收获却不大。我很茫然，感觉自己是在浪费时间。我究竟应该怎么办？"

可见，如果不能培养客户的依赖感，不能让客户产生黏性，那么销售工作就很难开展，甚至会导致很多重复性工作的产生，让你白白浪费很多力气。那么如何培养客户的依赖感呢？

首先，销售人员必须记住这八个字：预先取之，必先予之。比如，在与客户沟通时，销售人员必须帮助客户解决问题，最好为他推荐几个解决方案，并且通过分析利弊建议他选其中的某一个。当客户意识到你真正能帮他解决问题后，就会形成依赖感，一有问题就会想到你。

同时，销售人员必须为客户提供最热情周到的服务，最好是不可取代的服务。就像上面故事中的杰尔森食品商店一样，为客户打造贴心的、独特的专属服务，让客户感觉自己离不开它。

所以，不要抱怨客户为什么总是反悔，为什么客户不愿意信赖你，而应该反思一下自己为什么不被客户信赖和依赖。想明白这个问题，并且解决这个问题，你距离成功的销售就不远了。

人性化销售远比单纯推销深入人心

不可否认，我们人类是自然界中感情最为丰富的生物，不管是生活还是工作，我们无时无刻不受着情感的支配。情感影响着我们的行为、思维、思想，对于销售人员是如此，对于客户也是如此。

在销售的过程中，我们需要用人情来打动客户，用人性化的销售作为获得对方好感与信任的敲门砖。事实上，很多聪明的销售员都是这样做的，比如超市或是食品店会举行免费试吃活动，一方面让客户了解产品的味道和品质，另一方面就是利用人情的方式来打动客户。

很多客户会有这样的想法：我免费品尝了产品之后，就会不好意思不买。是的，免费试吃让客户背负了"心理债务"，就好像你接受别人的帮助与恩惠，就不好意思拒绝别人的要求一样，吃了人家的东西自然就会想方设法去回报对方。这在心理学上被称为"互惠定律"。

所以，销售人员与其滔滔不绝地推销，不如采用人性化销售的方式，给客户一定的"恩惠"，让他记住你的人情。在成本没有增加的情形下，若是能合理地提升人情的价值，利用人情来拉拢客户的心，那么所获得的回报就会比平时高得多。

来看看下面这个小例子：

有一家药店，会记下到店每一位客户的详细信息，包括出生日期、家庭状况、兴趣爱好等等。每当客户生日时，药店就会给客户发送信息，信息上写着：您的健康是我们最大的心愿。如果你完全康复了，请告知我们一声；如果您不幸仍需要用药，也请告知我们一声，我们将竭诚为您服务。衷心祝您生日快乐，健康快乐！

药店把每个月26日定为会员日，在会员日前来买药的客户会享受9折的优惠。同时，会员日当天前100名客户可以免费领取一袋感冒冲剂，非会员客户可以领取一枚鸡蛋。

除此之外，药店还邀请了市里有名的中西医专家，在会员日免费为病人们会诊，为病人们解答一些常见的问题。正是因为药店采取了人性化销售方式，很多客户记住药店的人

情，成了最忠实的客户。

人情味最容易打动人心。你的真诚会让客户感到放心，会让客户感到舒心，会让客户记住你的"人情"。然而，很多销售人员却不懂得这个道理，他们时常抱怨：现在销售人员和客户之间的关系紧张，销售工作越来越不好做。凡是有这样想法的销售人员都是不懂得人性销售，在他们心中与客户之间就是利益关系，不存在人情关系。

虽然销售人员与客户之间存在着利益关系，我们的目的也是从客户手里赚钱。但是，利益并不是人际交往的唯一，也不是销售过程中的全部。把利益放在第一位，忽视了人情，那么就等于把客户狠狠地推开。

在销售的过程中，我们需要把产品卖给客户，同时也需要让客户看到我们的真诚，感受到我们的用心。实际上，生活中很多聪明的销售高手，都是把"情"放在第一位。也许他们的语言不多，但是任何一句话，都能赢得客户的情感认同，感动客户的内心。也许他们没有太多花招，但是每一个行为都能给客户带来温暖，触动客户的心。

一位哲学教授正在举办一场哲学知识的宣讲班，他注意到，在一群年轻的大学生中间坐着一位中年人，他上课的时听讲很认真，还时不时地提出一些问题同教授进行讨论。

在宣讲班结束后的一天，这位天天来听讲的中年人找到了哲学教授，诚恳地说："这次的宣讲班对我来说太有益了，在这期间我多次看我记下的听课笔记，发现您有很多话都说得很好。但是我现在仍然有几个地方有点疑问，所以就冒昧地找您来了。"

　　教授对这样一个好学的人自然十分热情，欣然给出了问题的详细解答。在回答完中年人的问题以后，教授向中年人说出了自己心中的疑惑："抱歉，我能知道你的职业吗？"中年男子很直接地回答说："我是人寿保险公司的推销员。"

　　哲学教授平时对保险推销员的印象并不怎么好，甚至有些反感。但是这位推销员能够每天坚持上自己的课程，并且能够提出非常有深度的问题，这使他不由得对这位推销员有了新的看法。看到哲学教授的迟疑，中年推销员开口说："那请问教授，我以后能不能遇到哲学方面的问题登门拜访呢？"教授听了连忙说："当然可以，这是我家的地址。"说完，教授递给了推销员一张写着自己住址的纸条。

　　在这以后，推销员三番五次地带着问题和诚意来拜访哲学教授。当推销员提议教授是否应该为自己买一份保险的时候，教授爽快地答应了。

　　这无疑是一个聪明的推销员，也是一位情商高手。教授不喜欢推销员，但是这并不是问题，他有需要的东西，哲学课需要有人听，他需要感到自己的价值所在。而在这个时候，保险推销员则恰如其分地担当起了这个角色。就这样，在某种程度上，教授在心里认为自己受到了推销员的恩惠，欠了推销员的一份人情，作为回报，买推销员的一份保险，也变得理所应当了。

所以，不要小看人情，也不要觉得没有必要和客户讲人情。事实上，人性化销售要比单纯的推销更能让客户接受，更能让客户信赖。在销售的过程中，多关心关心客户，多给客户送些人情，比如每周发送关心短信，生日时送去蛋糕，生病时及时看望……

这看似平常不过的举动，却可以让客户铭记在心，让你走进他的心。

给客户安全保证，打消他的重重顾虑

细心的朋友们应该会发现，现在很多商家都会对消费者做出如下承诺：

在不影响二次销售的前提下，七天无理由退换货；

如果您对产品不满意，随时可以退换货；

保证正品，专柜验货，假一赔三；

商家提供三包服务，提供免费上门维修服务；

……

这些承诺的目的就是给客户安全的保证，打消他们内心的顾虑。我们知道，客户在消费前通常会考虑两个问题，一是信任问题，一是风险问题。而这两个问题归根结底是客户没有安全感，不知道销售人员和产品是否值得信任，担心自己的购买行为会有风险。

成交前，他们会考虑，"这产品是否符合商家的描述？质量是否有保证？""万一质量出现了问题，我应该怎么办？""我是否会被骗，买了假货？""如果我对产品不满意，是否能换货？"……

这些顾虑就是他们迟迟不做决定的原因，更是销售人员流失一部分潜在订单的原因。所以聪明的商家为了彻底打消客户的担心和顾虑，才做了上面的承诺，给客户一个无法拒绝的理由。事实上，这种承诺真的非常有效。不信的话来看看下面的案例：

销售员小王正在做一款有机花生油的推广业务，这种油品质好，口感棒，炒菜的时候色泽鲜亮、香气扑鼻，价格自然比普通花生油贵了些。当时市场上的普通花生油在20～24元/千克，而这款有机花生油则高达40元/千克。或许是因为价格的原因，或许是消费者对于新产品持有观望态度，所以小王的推广活动进展并不顺利。

在活动现场，很多消费者前来围观，询问这花生油的品质。可询问的人很多，当场花钱购买的人却不多，大多数人会留下类似的疑问："这花生油这么贵，真的有他说的那么好吗？""这有机花生油和普通花生油有什么区别？不都是花生榨取的吗？""要是这花生油不好吃，岂不是白花了这么多钱？"

看到这种情况，小王想到了一个好办法：他和厂家商议生产了一批100毫升装的小瓶花生油，和大桶花生油捆绑在一起。在推广的过程中，小王承诺买一大桶有机花生油，赠送一小瓶。客户可以先品尝小瓶花生油，若是觉得味道不好，或是品质不好，可以把大桶送回，全额退款！

这种承诺等于给了客户安全保证，让很多消费者打消了

顾虑，结果不到两个月的时间，小王的有机花生油便在市场上立住了脚跟，受到了广大消费者的欢迎和青睐。

质量好不好，价格实不实惠，售后服务好不好……这些都是客户比较关心的问题，也希望能得到肯定的保证。与其磨破嘴皮劝说客户，不如给他们一种安全的保证，让他们知道自己的行为是零风险的，或是风险很小的，那么你会发现成交的概率会大大提升。

这是因为每一个经济行为都是存在风险的，只是有的风险高，有的风险低罢了。对于这一点客户心里非常清楚，可是当你承诺"如果不满意，便可以全额退款""出现问题，可以免费退换、维修"的时候，就意味着减轻或消除了客户的疑虑。客户会认为，销售人员连这样的承诺都敢说出，说明他对自己的产品或者服务非常有自信，那么我还有什么顾虑呢？即便产品有问题，我也可以全额退款，并没有什么损失，为什么不尝试一下呢？

也就是说，在销售过程中销售人员让客户知道：只要你不满意，只要你不喜欢，或者你对我有任何的疑问，你都有权利要回你付给我的每一分钱。不管你做出哪一个决定，你的钱财和利益都会得到保障。如此一来，整个销售行为就变得非常有吸引力，销售过程自然就更加简单了。

如果你是客户，得到这样的承诺，是不是也会打消顾虑？是不是不再犹豫不决？答案必然是肯定的。丽丽便深有感触。

菜市场有一家猪肉摊位，前面的顾客特别多，生意特别红火。而附近几个摊位虽然猪肉也很不错，但是生意并不算好，顾客只有稀稀拉拉几个。丽丽平时习惯在超市买肉食，这次因为天气冷不想走远路，所以挑了小区附近的菜市场。一进门，她就感到非常纳闷：都是卖猪肉的，为什么唯独这家的生意忙不过来，附近的那几家却生意不好？

怀着好奇心，丽丽走上前去。老板立即赶紧笑脸相迎，客气地问道："您想要点什么肉呢？五花肉、后臀尖、里脊肉，我们可都有啊！我告诉您这可是刚杀的猪啊，新鲜着呢！"

丽丽一边仔细端详着案板上的猪肉，一边质疑地问道："是吗，这怎么确定是刚杀的？我们也不知道怎么分辨啊！"

"嗨"，老板笑了，拍拍胸脯，"这很好分辨，刚杀的猪肉质鲜嫩、颜色漂亮！您看看这肉质、这颜色，不是刚杀的，我不要钱！"

"这肉质确实看着不错。"丽丽自言自语。

老板笑着回答："当然！我这里的猪肉肉品鲜嫩，吃着放心。如果您觉得不好，我保证给您退钱。您看看这些都是我的客户，哪一个不是对我满口称赞！"

结果，丽丽就这样被成交了！因为老板的话给了她安全感，让她觉得自己的行为没有风险。万一肉质不好，她还可以让他退钱，不是吗？而且，正因为这样强有力的承诺，丽丽还成了忠实客户，不再跑远路到超市去购买。

由此可见，给客户安全保证，打消他们的顾虑，是销售人员成交的重要因素。客户有了安全感，对销售人员的信任感就会随

之加强，成交的决心就会增强。

　　当然，零风险承诺策略是要有前提条件的，那就是必须有优质的产品作支撑。如果你的产品质量不好，连你自己都不能100%自信，那就千万不能用这方法。

　　同时，销售人员对客户的承诺必须是真实有效的，必须要兑现，而不是把它作为哄骗客户的手段。这是因为客户当时会因为一定的承诺增强购买决心，就表明他们对你承诺的内容是比较关注的。如果他们发现你最终没能兑现承诺，即使不加以追究，可是对你的不满已经形成，也就不会再信任你以及你的产品，那么你将永远失去这个客户。

给客户优惠，他没有不要的道理

　　聪明的销售人员都懂得一个道理：客户要的不是便宜，而是要感到占了便宜。的确，每个人都想要以最少的付出得到最多的利益。客户更是如此，总是想要付出更少的钱买到更好的、更多的产品。

　　这也就解释了为什么一听到超市打折、商场甩卖、专卖店清仓的消息，人们就会蜂拥而至、出手抢购；为什么很多客户喜欢讨价还价，把"你不便宜，我就不买了"这样的话挂在嘴边。

　　类似的现象还有很多：

　　　　两件商品七五折，虽然价格很比较低，但是很多消费者还是会犹豫，觉得没有得到太多实惠。可若是第二件商品半价，那么消费者就会把目光集中在半价的商品上，觉得自己占了很大便宜，从而更愿意购买。

A套餐：卫衣+裤子=655元。消费者觉得这个套餐并不实惠，仅仅是卫衣和裤子不值这么多钱。可看到B套餐：卫衣+裤子+头巾+毛巾+护腕+口罩=699元，消费者就有了占便宜的感觉——这么多商品，价格还这么低，真的很划算。

正因为如此，销售人员应该巧妙地利用这种"占便宜"心理，在销售的过程中给客户一定的便宜，或是让他产生占便宜的感觉。事实上，很多聪明的销售者都善于利用这种心理，促使客户尽快地成交，同时让自己的产品变成市场上的"抢手货"。

很早之前，美国的克里兄弟在闹市区开了一家服装店，和周围其他店面的冷冷清清相比，他们店里的生意却非常红火。凡是进店的客户，离开时都会拎着好几个袋子，满载而归。

是他们有什么秘诀吗？还是他们的产品有独特之处？都不是。因为他们时常在客户面前故意报错价格，当然，这个价格要比标牌的价格低一些，然后再利用客户贪图便宜的心理来促成交易成功。

每天早上，弟弟都会非常热情地站在服装店门口，向来来往往的人群进行推销。当客户被引进店时，弟弟还会反复地向客户介绍，说他们店里的衣服是如何的物美价廉。

一般情况下，客户经过弟弟的热情劝说，就会开始询问产品的价格："这件衣服多少钱呢？"此时，"耳聋"的弟

弟就开始正式表演了——只见他把手放在耳朵上，大声问客户："您说什么？请您大点声。"

客户误以为他真的听力不好，便会提高嗓门问："这套衣服多少钱"？

弟弟这时才"听到"客户的问话，说道："您是问价格呀，噢，十分抱歉，我的听力有些障碍，您稍等一下。"于是，弟弟就会转身，扯着嗓子向库房整理货物的哥哥喊道："老板，这套衣服多少钱？"

哥哥则会假装斜眼看一下衣服，然后说："100美元。"

弟弟还是大声地询问："多少钱？"

"100美元"，哥哥大声喊道。

然后，弟弟就会故意听错，笑着对客户说："女士，这件衣服80美元。"

"嗯，好的，那包起来吧。"客户一听这个价格，顿时笑得合不拢嘴，赶紧让弟弟包下这衣服，然后就溜之大吉了。即便哥哥说弟弟听错了，客户也会说："既然他已经说了这么低的价格，你不能反悔啊！"还会"逼着"哥哥"低价"把衣服卖给他。

从这个案例可以看出，客户其实并不会对产品的真实价格进行研究，他们心中只是希望能买到"便宜"的产品。克里兄弟掌握了客户喜欢占便宜的心理，利用价格之间的差距让客户感觉自己占了便宜，所以才成功地俘获了客户的心。

当然，这种做法确实有待商榷，销售人员也不能利用这种投机取巧的方式来欺骗客户。可作为销售人员我们需要懂得客户的这种心理，并且学会如何巧妙地利用这种心理。

客户最关心的是产品的价格，销售人员可以给客户一个优惠的价格，吸引客户的目光。比如商场通常会搞两件八五折、三件七折、满多少减多少的活动，目的就是让客户感觉自己买得越多得到的优惠就越多，从而激起客户的购买欲。

同时，销售人员还要向客户传达出这样一个信息："优惠不是天天有，买到就是赚到。"如此一来，客户的购买欲望就会更加强烈，恐怕自己错失"占便宜"的机会。

有些客户还喜欢一些赠品、小礼物，销售人员在销售的过程中可以适当赠送一些积分、小礼品、代金券等，让客户感到自己得到了一些优惠。

其实，爱占便宜是人们的一种普遍心理。对于爱占便宜的客户来说，他们并不是没有钱购买产品，只是享受那种占便宜的乐趣。有时候哪怕这些产品短期内用不上，但只要能够享受到足够实惠，他们还是会毫不犹豫地选择囤货购买。

销售人员应该给客户更多优惠，刺激其购买行为。但是也需要注意，他们并不是不在意产品品质，若是你用劣质假冒产品忽悠他们，就很可能搬起石头砸自己的脚。

同时，销售人员必须既满足客户占便宜的心理，也要让客户得到实实在在的优惠。这样一来，你才能尽快让客户成交，并且促使他成为你最忠实客户。

第七章
持续发力!
成交就差临门一脚

成交是所有销售人员渴望的,可是很多销售人员发现,明明成交在即,客户却犹豫了、退缩了。这是为什么?很简单,因为你的服务和说服还没有到火候,客户的心里还有疑虑和问题。这个时候,销售人员应该分析客户犹豫的原因,恰当地踢出临门一脚。

客户太挑剔，销售有妙计

世界上著名的销售大师汤姆·霍普金斯说："有人提出异议，销售员就相当于遇到个金矿，如果销售员听到不一样的声音，无疑就开始挖金子了。"

这句话很有道理。客户挑剔、提出问题，说明对这个东西特别感兴趣，有强烈的购买欲望，所以他才会观察得更仔细、询问得更细心，想要了解更多的信息，以便打消自己的顾虑。试想，若是他们对产品没有兴趣，没有购买的欲望，怎会把自己的时间和精力都浪费在和你打嘴仗上？

可是很多销售人员却不这样想，他们觉得客户提出太多异议是在找碴，是在和自己过不去。若是客户问的问题多了，他们就会不耐烦地想："你到底想买不想买？为什么这么挑剔？""这人怎么这么麻烦，一会儿嫌价格贵，一会儿嫌质量不好。"殊不知正是因为有这样的心理，让他们失去了很多潜在客户。

小媛在一家橱柜公司做销售，工作时间有一年多了，可业绩却并不好。来看看她是如何和客户沟通的吧！

一天，小媛接待了一个客户，看了十余款不同的橱柜，但是客户都挑三拣四，好不容易对其中一款产生了兴趣。小媛内心非常高兴，想："这客户真是难伺候，介绍了这么半天，终于要成交了。"

可谁知道客户又挑剔起来，说："这橱柜虽然还不错，但是价格有点太贵了，你是否能便宜些。"

小媛笑着说："先生，我们这里的价格是厂家统一定的，您看这橱柜不管是从品质还是外观来说都是一流的，这个价格确实有点高，但是绝对物超所值。"

客户听了这话点了点头，仔细地观察橱柜的外观，然后又说："这橱柜的外观设计很不错，可我觉得不如××品牌的某款橱柜，这细节的设计也不是太理想……"

一开始小媛还能面带微笑，细心地倾听和解释，但是客户却一直在挑三拣四，一会儿价格有些贵，一会儿说设计并没有什么特别的。后来，小媛终于忍无可忍了，直接对客户说："不好意思，那请您去购买另外一家的橱柜吧。"

听到这句话，客户马上变了脸色，愤怒地说："你这是什么意思！"

小媛也毫不示弱地说："您一再在这里挑三拣四，还反复说另外一家的橱柜好，那为什么不去哪一家购买？您在这里不是找碴吗？"

客户愤怒地说："我来这里买东西，多询问询问怎么了？你这是什么态度？去！找你们经理过来！……"

最后，客户投诉了小媛，愤怒地离开了。而小媛也遭到了经理严厉地批评，被扣除了当月奖金。

看到了吧！这就是小媛业绩不好、不受客户欢迎的原因。要知道，越是挑剔的客户越是有购买意向。正因为客户想买这产品才会仔细地观察，才会想要全面了解相关信息，以至于出现各种"挑毛病"的现象。而小媛却错误地认为客户的这种行为是找碴，以至于惹怒了客户，丢了单子。

其实中国有一句俗语已经说得很清楚了："褒贬是买家，叫好是闲人。"他们之所以挑剔产品，只是他们出于各种各样的目的，做出了一副挑剔的姿态。

所以，在销售过程中，如果遇到喜欢挑剔或总是批评你产品的客户，千万不要抱怨，或是表现出不耐烦的情绪，觉得他们很麻烦，没事找事。因为你一旦抱怨和不耐烦，就会产生抵触情绪，就会把客户放在自己的对立面，就会与潜在客户失之交臂，失去成交的机会。

同时，客户提出各种问题，很有可能是对产品有各种疑虑，比如价格是否比其他产品贵、质量能不能保证、售后好不好……客户有这样类似的心理非常正常，因为他们怕吃亏上当，担心物非所值。正是这种不安全感，促使他们总是犹豫不决，挑产品的毛病。

这个时候，销售人员应该给客户足够的安全感，应该尽可能地告诉客户"这件商品是物超所值的"，打消他们内心的疑虑。只要你把他看作是最有价值的客户，耐心地阐明产品的优势，详细地介绍产品的特征，然后一一解答客户的问题，那么客户自然会和你成交。

苏力的做法恰好与小媛相反，结果自然也与其相反。

苏力是做家具销售的，有一家规模不小的家具店。虽然这条街都是家具店，款式各异，价格不等，但是苏力的生意却非常好，比其他店面都要兴隆很多。这也是有原因的，我

们不妨来看看苏力是如何做生意的！

　　一天，苏力正在店里忙活，进来了一个打扮得中规中矩的客户。只见这个客户不紧不慢地在店里转来转去，看看这款沙发，看看那款柜子，苏力则安静地陪同着，没有说什么话。

　　最后，这位客户停在一组沙发前，用挑剔的口吻说："你们的沙发看起来也没什么特色啊！这款沙发虽然看起来不错，但总感觉缺少些什么。"

　　苏力笑着走过来，对客户说："我店里的沙发虽然不是最好的，但是质量有保证，结实又环保，坐起来非常舒适。其实，沙发好不好，主要看是否舒适，要不您坐下来感受一下？"苏力一边说一边请客户坐下，并且把茶水和零食拿了过来。

　　这位客户坐下来，又看着沙发说："这沙发的款式也不是最新的，其实我更想买一套新款的沙发。"

　　苏力继续笑着说："您说得对，这款沙发并不是最新款式，不过却是这个品牌的经典款式。您看它做工精细，外观大气，摆在家里多长时间都不怕过时。"

　　可是这位客户还是有些不满意，又挑剔起价格来。他摇着头说："既然不是最新款，价格怎么这么贵，你这里能打几折？"

　　苏力没有丝毫的不满和反感，而是认真地解释说："先生，这套沙发是我们店里质量最好的，品质也有保证。常言说，一分钱一分货，您看看我店里的这些沙发，就属这款卖得最好。而且，我们的价格非常合理，都是工厂价，没有多少利润。您看看这条街上的其他家具店也有这款沙发，但是没有比我这里更实惠的价格了。如果您不放心，买贵了我给您退款！"最后，这位客户还是买下了这一套他挑来挑去的沙发。

可以说，苏力非常精明，他清楚地知道，既然客户对这个沙发感兴趣，那么就有购买的意图。而他不断地挑剔，不是想要得到老板的"支持"，消除自己的疑惑，就是想要杀价，以便获得各种优惠。正因为苏力把握住客户的这个心理，才成功地卖出了自己的产品。

作为销售人员我们都需要向苏力学习，而不是做小媛那样的人。千万不要急着否定客户的购买倾向，从客户的心理需求出发，突破客户心理，这才是最好的办法。

用你的热情，换来客户对产品的认同

人出于保护自我的本能，通常会拒绝陌生人的搭讪，更不要说答应别人的要求了。因为陌生人之间本就存在着距离和戒备，本就没有什么了解和信任。可一个人如果能热情地对待他人，热情地向他人问好，热情地帮助他人解决问题，自然就可以赢得他人的喜欢和青睐。

销售也是如此。只要销售人员与客户沟通的过程中，能够付出自己的热情，就可以轻松地换来客户对产品的认同。这是因为在销售的过程，我们的热情感化了客户，让他们内心情不自禁

地感动。当这种感动充溢于他们的胸怀时，他们就会真正打开心门，进而改变自己的态度。

事实上，很多成功的销售人员都对客户和工作充满热情，始终让客户感受到自己的关怀与温暖，感受到自己的真诚。孟瑶是一家品牌手机卖场的销售人员，对待客户热情周到、有耐心。不管遇到怎样冷淡、固执的客户，最后都会被她的热情所打动。

有一天，一位女士来店里买手机，孟瑶把她看上的所有机型都介绍了一遍，还承诺送给客户赠品。但是那位女士还是拿不定主意，最后还说想要看看另一个品牌的手机，再做决定。

孟瑶问客户想看哪个品牌的手机，客户如实告诉了她。客户本以为孟瑶会说对方品牌的坏话，但是她却笑着说："那个品牌的手机，性价比很高，我有一个发小在这个品牌做主管。如果您想要去看看，我可以和她打个招呼，让她给您一个优惠价。您稍等一会儿。"

说着，孟瑶就想要给发小打电话。可她刚拿出手机，客户就阻止了她，说道："小姑娘，你这个电话别打了，我觉得你刚才给我推荐的那个手机也挺好的，我就不来回跑了。其实，我刚才是真的想去那边看看，但是你这姑娘太'实诚'了，还帮我联系熟人。既然两个手机品牌差不多，我就冲你这个人真诚、热情的态度，买你的手机了。"

孟瑶见客户如此说，笑着说道："大姐，现在一款手机也不便宜，每个品牌都有自己的优势，您多看看很正常。我既然有熟人，就想着让您能省一点钱。毕竟今天咱们能聊这么久，也是一种缘分。"

"没错，这就是缘分。我就冲着这缘分，肯定得在你这里买了。"说完，这位女士痛快地去刷卡了。孟瑶卖的手机品牌，有好多同档次的竞争者，可是只有她的业绩高，回头客也最多，就是因为客户深深地被她的热情所感动了。

热情是一种态度，更是一种与人沟通的技巧。所以，对客户热情一点，这没有任何坏处。它不仅可以为你打造热心形象，还可以解除客户的陌生感，让客户感到你的真诚和贴心，从而更愿意和你交流并更信任你。这就像点火燃柴一样，只要你的火焰足够炙热，自然可以温暖周围的人，并且让周围的人慢慢地向你靠近。

或许在短时间内，热情与冷淡的差别不是很明显，但是日久见人心，只要你有足够的热情和热度，总有一天能够感染客户，会让他们成为你最忠实的拥护者。

再看看下面的例子，你自然就会有所感触。

某个菜市场有两家卖海鲜的铺面，海鲜种类差不多，价格也相差无几，但是情形却是迥然不同。靠近门口那家海鲜店门可罗雀，可远离门口那家则是门庭若市。

按理说，人们都喜欢在门口的店铺买东西，毕竟可以节省时间和精力。可为什么到这里就变成了"舍近求远"呢？有人猜测，可能是距离门口远的这家店铺海鲜比较新鲜。可事实并不是如此，是因为这家店铺老板异常热情。

客户到这家店铺买海鲜，甭管是第一次去还是老主顾，

店主都笑脸相迎，非常热情地与客户闲聊。聊过几次之后，老板就能记住客户的喜好，甚至还能打听出客户的家庭情况。

老板每次都能热情地说："今天的虾非常新鲜，买点给你家孩子做辅食吧。我给你算便宜点。""现在海蛎子挺肥的，拿回去炖点萝卜汤，可以补补身子。""你家孩子放暑假了吧，准备带她去哪里玩？""这鱼32元，零头不要了，你就给30元吧。"如果哪个客户忘记带钱包，他也大方地说："没关系，我们下次再算吧！"时间长了，大家都被他的热情打动了，也对他产生了信任感，所以都喜欢来他这里买东西。

再看看门口那家店铺，老板总是板着一张冰块脸，少言寡语，而且做生意也是斤斤计较。海鲜价格是51元，客户想要让他抹个零头，他就立马拉下脸来，一脸不情愿。客户买了别的东西，想要在他这里秤一称，他也不肯行方便。这样一来，哪有客户愿意来这里买东西啊？

这就是热情的力量。热情而又爽快的老板，让客户看到了自己的真心和真诚，自然是深受客户喜欢了。而冷淡古板的老板，每天都是冷言冷语的，怎么能吸引客户？

所以，销售人员想要吸引并留住客户，就应该付出自己的热情，把握好语言的冷热。让自己的语言热起来，才能让客户放下戒备心，拉近与客户之间的距离。让自己的行为热起来，真诚待人，才能换取客户的信任，让他心甘情愿地与你成交。

强调损失——你不买一定会后悔

很多客户内心有消费需求，对产品和价格也挺满意，可是他们并不着急成交。原因很简单，他们或是没有看到自己需求的迫切性，觉得自己"不着急购买这产品"，或是心中仍然保留着一道防线，没能完全信任销售人员和产品。于是他们会左右摇摆，以"不好意思，我需要考虑一下""我想和家人商量一下"为借口，迟迟不肯成交。

这个时候，若是销售人员真的给他们考虑的时间，那么就很可能失去这个客户，让到手的单子飞跑了。那么销售人员应该怎么做呢？

最有效的方法就是积极主动一些，帮助客户及早做决定。比如客户要是说想考虑一下，销售人员可以直接说："先生，与其以后再考虑，不如现在就考虑清楚做出决定。既然您对我们的产品满意，何必再浪费这个时间考虑这个问题呢？""您想考虑一下，是否是因为有问题不明白，在这里我可以为您解答。"

更为重要的是，销售人员需要强调不买的损失，告诉客户如果现在"不买"的话，他将要面临很大的损失。一旦客户意识到自己的犹豫不决会造成很大的损失，就会立即做出决定。换句话说，比起收益带来的快乐，人们更在意损失带来的不快乐。所以很多客户为了避免损失，会强迫自己早下决定。

事实上，很多聪明的销售人员都善于利用客户这种害怕损失

的心理，比如他们会强调"原价10000元，现价6000元。产品只剩下100台，如果你再不付款的话，恐怕再也享受不到如此大的优惠。"这给客户一个感觉：如果我不立即做决定，那么就会失去这个机会。这种"失去感"促使客户会尽早决定。

所以，在客户犹豫不决时，不妨积极一点，"帮一帮"客户，告诉客户"你不买一定会后悔"，相信定能有不一样的收获。

一位推销员到一家超市推销收银机，一进门就开门见山地说："请问，超市老板在吗？我是××公司的推销员，向您推销一款新的收银机。"

超市老板一听是推销员，兴趣并不大，只是随便地迎合着。推销员继续热情地说："我看贵超市的生意还不错，您真是不简单啊！"

老板迎合着："生意还可以吧，您过奖了。"

推销员："贵超市的商品齐全，对客户服务态度好，员工训练有素，很是受顾客的欢迎。隔壁街××超市的刘老板非常羡慕您啊！"

超市老板显然感兴趣了，问道"你认识刘老板？那个超市和我们差不多时间开起来的，不过生意确实赶不上我们。"

推销员："是的，不过，这段时间刘老板的生意好了很多，顾客逐渐多了起来。因为他一直把您当作模仿对象，学习您的经营。同时，他还买了新的收银机，工作效率增加，顾客排队时间短了，自然更愿意去购物了！"

超市老板有些紧张："是吗？！"

推销员："我觉得您也需要换一台收银机，虽然您目前的收银机还算不错，可工作效率低，顾客等候的时间长，在一定程度上影响了生意。而且，您超市的客源显然比较多，若是排太长的队伍，难免有些客户心情急躁。您说是吗？"

超市老板显然也意识到购买新收银机的好处——顾客等候时间短，更愿意前来购物，增加客流量。不买新收银机的损失——顾客排队时间长，不再愿意光临，使得客源流失到其他超市。于是，他立即与推销员签了订单，把超市全部换上新收银机。

为什么超市老板会购买收银机？关键在于推销员明确抓住了他的痛点，让他意识到：若是不够买的话，自己恐怕会有很大的损失——影响超市生意，流失大量客源，甚至被隔壁街道刘老板超越。虽然这只是假设，但是超市老板不免被这放大的"损失"吓到。

所以，当客户总是不着急成交，或是缺乏当机立断的能力时，销售人员不妨站在客户的角度思考问题，让他们意识到不及时做决定会面临的损失，帮助他们早下决定。这种情况下，客户不仅不会对你有意见，还会对你心怀感激。毕竟谁也不愿意看到自己的利益受损，谁也不愿意承受不必要的损失。

为自己造势，吸引客户

在销售过程中，销售人员还会遇到这样的现象：客户明明有购买需求却不肯做决定。每当销售人员催促他们成交的时候，他们总会给出各种理由，或是"我要考虑一下，过一段时间再给你回话"，或是"我最近非常忙，没有时间签约"。

这个时候，销售人员不要着急，因为你越是着急，客户就越不着急。虽然他们有购买意向，但是却没有找到产品的价值，以及对他们的有利之处。他们想要找到确切印证——证明这个产品确实物超所值，否则就会一直持观望态度。而如果你冷静下来，学会为自己造势，吸引客户，那么就可以化被动为主动，轻松促使成交的完成。

如何为自己造势，营造一种紧张氛围？最简单的方法是利用其他竞争者，让客户看到产品很抢手。若是客户真心想要购买产品，就会担心好东西被其他人抢走，就会因为出现竞争者而心急不已。这个时候，销售人员在适当地推波助澜一下，就可以轻松地达到自己的目的。

赵颖是一家房地产公司的销售人员，她曾经接待过一个客户，多次询问价格，多次实地考察，就是没有下决心购买。赵颖询问他是否对商铺不满意，客户急忙否认"不，我对商铺很满意，你一定给我预留下来"，可赵颖约他来签约，他又总是找借口推迟。

赵颖知道自己不能一味等待下去，否则就可能错过最好的销售时机。于是，她决定主动出击，利用其他竞争对手来让客户产生紧迫感。这天，赵颖给这位客户打了个电话："您好，徐总。我是赵颖，您现在有时间吗？"

客户不紧不慢地说："我现在不忙，你说吧。"

赵颖热情地说："您之前看好的那个商铺，虽然我已经为您预留了一段时间了，但是因为地段好，环境好，还有许多客户来跟我们咨询……"

赵颖还没有说完，客户就着急地说："那个商铺你不是说给我留着的吗？我之前已经考察很长时间了，打算在那里开一个饭店，你怎么能说话不算话呢？"

赵颖立即笑着解释："您说得没错。我们已经按照和您的约定，给您预留了这个店铺，可是按照我们的规定，预留的时间是有限的，期限是7天。如果您在7天的时间内还不能签订协议，我们也只能介绍给其他客户，看你们谁先交定金、签合同就和谁达成交易。昨天我们这里来了一个客户，对这个商铺非常满意，说要开个KTV……"

赵颖的话还没说完，客户就打断了她，说："凡事都有个先来后到，是我先和你们洽谈的。你先给他介绍其他商铺，我再考虑一下就去签订协议。"

赵颖知道自己的话有了一定作用，可是还需要加把火。她抱歉地说："徐总，您的眼光好，看上的这个商铺各方面条件都很好。正是因为如此，这商铺非常抢手，我们已经推

了几个客户了，现在这个客户就看中了这一个，如果您觉得合适就赶快签协议吧，否则……"

结果，这位客户当天下午就与赵颖签订了合同，生怕那个客户抢了先。

这完全得益于赵颖营造了一种紧张的气氛，让客户觉得自己若是再不做决定，这么好的商铺就被别人抢走了。同时，竞争对手的出现，让客户觉得他的选择绝对正确的，所以他才会突然改变态度，立即下决心买了下来。

可见，适时地为自己造势，让客户紧张起来，就可以调动客户的积极性。这是对客户心理的把握，更是对沟通技巧的最好运用。当然，在为自己造势前，销售人员必须弄明白客户的心理，知晓他们为什么持有观望的态度。

若是客户不着急下单，只是因为考虑问题比较谨慎，那么就应该利用其他客户的案例，以旁敲侧击的方式，促使客户实现交易。这种做法比较含蓄，既不会伤害客户的自尊心，又能实现自己的销售目标。

若是客户像上面案例中的人一样，犹豫不决是因为没有找到产品的价值，以及对他们的有利之处。销售人员就应该让他们看中产品的真正价值，把竞争者的信息摆在他们面前。一旦客户感到竞争压力，就会加快决策的步伐，更快地答应签单。

若是客户纠结的是价格的问题，销售人员就应该表现得强势一些，表示这是最后的价格，若是对方能接受，就可以愉快地成交；若是对方不能接受，恐怕就只能结束合作了。

同时，销售人员还可以利用客户怕买不到的心理，制造一种"过了这村没这店"的紧张气氛。比如，截止×月×号，我们的活动就结束了；这款产品非常火爆，只剩下最后10个了；这款商品属于限量销售，先到先得，目前已经有很多客户前来咨询……

但不管运用哪种方式，销售人员都需要记住，营造声势，迫使客户紧张起来，目的是说服客户尽快下决定。前提是你的销售活动是真实的、可信的，而不是欺骗客户。若是让客户感觉受了欺骗，那么你之前的所有努力都将化为泡影。

精准挖掘购买动机，购销"一拍即合"

曾经看到一个故事：

一个推销员抓住一个客户就推销自己的产品，尽管这位推销员口若莲花，把产品说得天花乱坠，但是客户就是不说话。最后，推销员急了，直接问："请问您到底需要什么？"客户则面无表情地回答说："我需要钱。"

这个故事告诉我们一个道理：很多时候你的推销是否成功，除了价格和质量问题，关键在于客户是否需要购买。也就是说，客户购买行为的产生是基于他的需求的，只有产生购买动机，才能让客户产生购买活动。

　　所谓购买动机，就是为了满足一定需要而引起人们购买行为的欲望或意念。不管是什么类型的客户都有自己的购买动机，这些动机就是推动客户进行购买活动的内部动力。比如，女生爱美，就有购买化妆品的动机；男生喜欢女生，也有购买化妆品的动机——把它作为礼物送给心爱的女孩。两者相比，女生的购买动机更强些，因为男生可以选择其他礼物。

　　同时，购买动机有迫切和不迫切之分，迫切的购买动机则是促使客户产生购买行为的关键因素。比如，上班族为了上班方便有购买电动车的动机，可是由于交通便利，他们的购买动机并不迫切。然而，若是搬了新家，交通变得不方便，看到同事骑电动车很方便，他们就会产生迫切的购买动机。

　　中国有句古话叫作："牛不喝水强按头。"意思非常简单，如果这头牛不渴，就算你强行按住它的头，它也不会喝水。一个动物都会遵从自己的生理需求，更何况是人呢？如果想要让客户成交，销售人员就必须满足客户的需要，挖掘出他们的购买动机。

　　可事实上，很多销售人员并不懂得这个道理。他们把自己定位为"卖东西的"，与客户沟通的目的也只有一个：把东西卖出去。于是，见到客户之后，他们二话不说就开始推销自己的产品，说自己的产品如何好。可结果呢？一番口舌之后，客户往往只留下三个字"不需要"。

　　面对这样的结果，很多销售人员感到不解：为什么客户总是拒绝我？难道我的产品不好吗？难道我还不够热情？

　　可这些问题都不是重点。这些销售人员之所以遭到客户的拒绝，是因为他们只顾着"卖东西"，却没有挖掘出客户的购买动机，并且根据客户的购买动机进行有效说服。想要把自己的产品卖出去，销售人员就需要精准地挖掘客户的购买动机，找到客户强烈和迫切的购买动机，然后对症下药，如此一来成交就不再是难题了。

现在，做微商的人铺天盖地，人人都在做，每个人都说微商生意好做，但是事实上，微商之间的销售业绩却有很大的差距。有的人一直坚持发朋友圈，却不知自己早已被屏蔽；有的人却做得非常棒，产品卖得非常好。

李如之前在药店工作，后来也做起了微商。她不卖化妆品，也不卖零食，而是卖一种养生产品——阿胶糕。吃阿胶的大部分人是女性，用来调理自己的身体。但是李如的客户却是男性居多，生意还非常不错。她是怎么做到的呢？

李如说："许多人做微商就会做一件事，那就是把产品图片和介绍发到朋友圈里。有的人每天甚至发十几条朋友圈，每条信息的内容相同。这样的东西，谁看了都会感到厌烦，就别提卖出产品了。我从来不胡乱地发朋友圈，也不会直接询问客户买不买，只是想办法满足他们的需求，这样一来，即便是花钱，他们也感到非常开心！"

这么一听，你感觉很有意思吧！但是，她究竟使用了什么样的方法把握住了客户的需求呢？我们一起看看李如是怎样发微信朋友圈信息的：

我有个堂哥，今年都快35岁了，还没结婚。一问他都送

女孩什么礼物，他说无非是鲜花和化妆品，真是太俗、太普通了！后来，堂哥从我这里买了一些阿胶，送给了正在约会的姑娘。那女孩吃了之后，气色越来越好，皮肤也变得更好了，整个人都变得更漂亮了。如今，她是我的堂嫂！

还有一次，李如的微信朋友圈是这样写的：

我有一个发小，平时和媳妇感情特别好。他媳妇的心情每天都很好，时常给他做好吃的，两人从不吵架，原因是他从我这里买了个超棒的礼物，让他的媳妇每天都有一个好心情！

有些男士看到这条微信朋友圈，都留言问她究竟是什么礼物。这时，李如会点开聊天窗口，对这些人解释说："女人爱漂亮，男人也喜欢让自己的媳妇永远美丽！爱她就送给她阿胶糕，养颜补血，能让她的皮肤回到18岁。这样一来，媳妇怎么还会有心情吵架呢！"看完这样的回复，哪一个男士不想买几盒给老婆试试？

李如为什么比别人的业绩好？很简单，她善于挖掘客户强烈的购买动机，并且利用针对性的销售把这些动机转化为实际的购买行动。男人没有购买阿胶糕的动机，但是却有讨好老婆的动机。李如巧妙地把这两个动机结合在一起，自然就轻松地搞定客户了。

所以，销售人员要想推进成交，就要重视客户的购买动机，了解客户在什么情况下做出购买决定，什么时候购买需求最强烈。而不是一上来就推销自己的产品，一遇到客户的拒绝就开始灰心丧气。

销售人员应该引导客户说出自己的需求，说出他们对产品的看法，然后进行耐心分析。这是因为购买动机源于需求，客户没有需求，即便你浪费再多口舌也无济于事。

同时，前面我们已经说过，客户需求是否迫切，影响着购买动机的强弱。所以销售人员需要将客户的需求层次提高，让客户感觉自己对产品的需求很迫切，强调产品给客户带来的好处，或是把产品和客户的生活工作结合起来。

总之，销售人员能够发掘客户迫切的需求，引发客户的购买动机，就可以轻松拿下订单。否则的话，即便你的产品再好，也无法让客户产生购买的欲望。

你越不卖，他越想买

人有的时候真的是很奇怪。你越是积极主动地介绍产品，客户反而不急不躁；你越是想要尽快地签约，客户反而犹犹豫豫。相反的是，你越是不想卖，客户反而越想买；你越是不急不躁，客户反而着急与你签合约。

或许这就是人人都具有逆反心理吧！事实上，销售人员完全可以利用客户的这种心理，来个欲擒故纵。简单来说，我们不要着急成交，而是巧妙地退后一步，让客户成为那个着急的一方，如此才能化被动为主动，占据有利地位。

其实，商家经常推行的销量就是利用了欲擒故纵的方式。比

如，每天只卖100个产品，每天只接待66名客人，完成任务后即便有再多人等待，即便有人出再多钱也绝不提供产品或服务。这个时候，那些买不到的客户就会产生强烈的购买欲望，下一次早早地来抢购。

有一家卖凉皮的店就是如此。这家店面经营了多年，口味正宗、干净卫生，吸引了很多客户前来。可是，老板却非常任性，每天都定量销售，只要是做好的食物卖完了，不管后面排了多长的队，老板都会立即关门。即便是客户有意见，或是好言相求，老板也绝不妥协。当然，老板也会诚恳地表示歉意："不好意思，今天我们的凉皮卖完了。因为店里人手不够，而且做得多了，就无法保证质量和味道，所以请大家理解和谅解。"

就是因为他坚持限量销售，所以喜欢吃凉皮的人都抢着来，生怕自己落到他人后面。试想，若是他无限量销售，还会出现这种情况吗？或许前来光顾的人也会很多，但绝不会出现排长队、抢着买的现象。

由此可见，欲擒故纵要比急于销售更有效。因为得不到的东西比轻易得到的东西更有诱惑力。不管什么时候，人们总是对自己得不到的东西有种更强烈的渴求，对送上门来的东西不屑一顾。说是不珍惜也好，说是逆反心理也好。

总之，你越是对客户热情，他反而越会反感；你越是强追猛打，他越是躲避。这是因为当你想尽办法说服客户的时候，他会感到巨大的压力，这种压力让他想要退缩。既然如此，为什么不在适当的时机收回热情的态度，主动地退一步呢？将产品的优势、功能讲清楚之后，便主动退后一步，摆出一副"你爱买不爱"的态势，或许客户就着急了，急于与你成交了。

陆兵是一家洗化用品的销售人员。在一次公司举办的新品推介会上，他负责和客户马经理商谈合作事宜。

在交谈过程中，陆兵详细展示了新产品的优势，但是始终没有说服马经理下订单。陆兵直接询问道："马经理，您究竟是对我们的产品有什么疑惑呢？我刚刚已经详细地阐述了新产品的性能、功效，您还在犹豫什么呢？"

马经理见陆兵这样问，便也坦诚地说："我觉得你们的产品应该没有那么神奇的功效吧，毕竟新产品投入市场，还没有什么具体的反馈。我怎么能这么快就跟你签合同呢？"

为了打消马经理的顾虑，陆兵把实验数据、前期市场调研等资料全都展示给他看，但是马经理依然没有表态。

眼看谈判陷入僵局，陆兵决定改变谈话的策略，不再积极主动地劝说客户，而是采取欲擒故纵、以退为进的策略。陆兵把产品和资料收了起来，同时对马经理说："马经理，感谢您今天参加我们的活动，也非常感谢您听完我的介绍。我感到非常遗憾，我们没有能够达到共识。既然您觉得对我们的新产品没有信心，那也没有关系，我再找其他客户谈谈吧。"

马经理对陆兵的举动感到非常惊讶，他还以为这个销售

员会和自己纠缠一会儿，没想到这么快就放弃了。

这时候，陆兵的电话刚好响起，显然是有客户想要和他谈合作的事宜。而他也就没有急着离开，而是当着马经理的面与对方谈起了具体事宜。

正如陆兵所料，马经理见到这种情况，也改变了自己的态度。等到陆兵一挂断电话，他就笑呵呵地说："小陈，你先别着急。我并没有说对你们没有信心，咱们下面再谈谈产品的问题。"

陆兵继续假装着急地说："刚才我已经把全部的产品信息都跟您介绍了，您如果想再了解其他情况的话，可以打电话给客服人员。实在非常抱歉，马经理，那个客户催我去谈谈。"

谁知马经理却说："你这小陈怎么这么着急啊。凡事都有个前来后到，我们还没谈完，你怎么着急走？我们现在就谈一下合作细节，然后把合作协议签了吧。"

看吧！这就是欲擒故纵的妙处。在销售中，如果能巧妙地运用欲擒故纵的方式，销售人员就可以化解自己被动的局面，占据心理和局面上的主动。

利用这招并不难，只要能够掌握好客户的逆反心理就可以了。但是销售人员也需要注意分寸，不能用这种方法对待所有客户。要知道，有些人的性子强、脾气倔，如果你说"我不卖了，你找其他家吧""非常抱歉，其他客户也想要这个产品"，恐怕他会立马掉头就走。

　　这就是军事上讲的"战略上要蔑视，战术上要重视"。销售人员想要客户马上成交，就要善于观察和掌控客户的心理，巧妙地运用欲擒故纵的策略，把主动权掌握在自己手中。

第八章
销售不存在新人胜旧人

不要以为成交就是销售的结束，就不需要为客户提供服务，除非你只想做一锤子买卖。成交是新的开始，销售人员只有做好售后服务，维护好客户关系，才能真正留住客户的心，让他成为你忠实长远的合作伙伴，从而促使自己的生意红火长久。

只有傻销售，才会做一锤子买卖

销售绝不是"一锤子买卖"，它是一个长期的过程。如果销售人员和客户达成良好的合作关系，为客户提供优质的产品和服务，那么就可以留住客户的心，让他成为最忠诚的回头客。可若是销售人员没有和客户保持良好关系，或是利用手段欺骗客户，或是提供假冒伪劣产品，或是不能提供周到的售后，那么就算第一次销售是成功的，恐怕也无法让客户再次光临。

可惜的是，生活中有相当多的销售人员不懂得这个道理，认为只要将产品推销出去，就算大功告成了；认为反正客户下一次也不一定来我这里，为什么我不抓在这一次机会"宰"他一下呢？于是，在销售的过程中，他们为了将产品推销出去不惜坑蒙拐骗，甚至为了眼前的一点蝇头小利就争抢拼夺，从不考虑客户购买商品后的使用情况。以至于客户越来越少，业绩越来越差，工作越来越难开展。

来看下面的例子：

大集上人群熙熙攘攘，小贩的叫卖声，顾客的砍价声杂糅在一起，好不热闹。市集上有两家卖葡萄的商家，开始生意都不错，可接下来的情况却让两家的处境发生了变化。

第一家商铺的老板热情地招待来往的客户，每次给客户

称葡萄都笑着说："这是5斤葡萄，我给您高一些，保证不让您吃亏。""您可以尝尝我们的葡萄，保证甜，要是不满意不买也没有关系。"由于他的葡萄质量好、秤头准，所以吸引了很多附近居民前来，大多数都是回头客。

可第二家商铺就不一样了。只见一位大姐拎着葡萄找了回来，愤怒地说："你这秤够斤数吗？我买了5斤葡萄，回去一称竟然少了8两，大家评评理有这样缺斤短两的吗！"老板也毫不示弱，反驳说："你看着市集上，哪家不缺点秤？几块钱的事何必计较，再说这里的价格比商场、超市便宜得多。"听了这番话，大姐更生气了："你做生意不地道，缺斤短两不说，竟然还这么理直气壮，真是太嚣张了！你看看市集上谁家缺斤短两？你这样做生意，谁还敢在你这买东西？"老板依旧不觉得理亏，说："哼，你不来买，自然有别人来买。我还缺你这一个客户吗？"

结果怎样？显然这个老板失算了，这件事情很快传来，大家都知道了他失信的事情，都不愿意来买他的东西。而他的生意也越来越不好，最后只能悄悄离开了这个市集。

为了区区几元钱，做生意不讲原则，绝不是损失一个客户的问题。它伤害的是你的个人信誉，是你的长远名声。所以，销售人员在销售过程中，绝不能只看眼前，不看长远，更不能为了眼前利益做一锤子买卖。否则，最终只能让自己一无所有。

成交并非是销售活动的结束，销售人员的目的也只是把产品卖出去。和客户建立良好的关系，用真诚的态度和优质的服务对待客户，才能将对方变成自己的合作伙伴，而不是一次交易者，从而确保客源源源不断，业绩越做越多。

对于这一点，乔·吉拉德有着独特的见解，他曾经说："我相信推销活动真正的开始在成交之后，而不是之前。"正是因为如此，他非常重视客户的维护，重视个人信誉，绝不会为了个人利益而损害客户利益。

在销售过程中，乔·吉拉德始终坚持"以顾客利益为先，追求利润次之"的原则，当二者发生冲突时，他会主动地适当降低利润，有时甚至不拿提成。有同事觉得这种做法有点傻、有点吃亏，但乔·吉拉德却说："做生意应懂得细水长流，这一次你不挣钱，价格实在，你就会获得客户的信任，吸引他们来第二次，第三次……"

乔·吉拉德始终保持与客户们联络，他制定了一项写客户信的计划，坚持每个月给所有客户寄出一封信，目的就是希望着客户不要忘了自己，失去自己的联系方式，以保证对客户的负责到底。在推销生涯的后期，乔·吉拉德每月要寄出15000张卡片，也就是说每年要寄出180000张，以至于他的客户曾开玩笑说："当你从乔手中买下一辆汽车后，你必须要出国才有可能'摆脱'他。"

当然，乔·吉拉德的客户也十分爱他，在15年的汽车销售生涯里他总共卖出13000辆，而最多的一年竟卖了1425辆。

所以，想要成为出色的销售人员，你就必须告诉自己，现在我和客户做的不是一锤子买卖，而是长久的合作关系；不要每天都去思考怎样设陷阱欺诈客户，而应该时时琢磨如何靠更好的产品质量和优质的服务赢得客户；我需要和客户保持友好的关系，并且跟进售后服务，让客户成为我的回头客。

当你这样做了之后，客户自然源源不断，业绩自然会节节高升！

成交不是销售结局，而是新开局

很多销售人员错误地认为，把产品卖出了，销售工作就算完成了。殊不知这种想法可能让销售人员之前的努力白费，丢了原本成交的客户。这是因为售后服务也是销售工作的重要部分，它不仅关系到客户对产品、服务的评价，更关系到你是否能留住客户。

回想一下，你在购买商品的时候，是不是也关心售后服务如何？能不能提供三包服务？能不能及时进行检查和检修？既然你会考虑这些问题，客户也是如此。很多客户在购买产品时都会把售后作为考虑的重要因素，就算是产品价格便宜，可若是不提供售后服务，客户也会顾虑重重，甚至干脆放弃。

正因为如此，销售员应该明白一个道理：将产品卖出并不等于销售工作完成，想要留出客户、赢得业绩就必须重视售后，为客户提供周到细致的服务，想客户之所想，急客户之所急。

　　现在汽车4S体系同质化竞争激烈，为了赢得更多客户，很多4S店推出了上门洗车、上门保养、上门维修等服务。这一系列服务确实受客户欢迎，不仅方便快捷，而且价格便宜。可在大部分4S店都推陈出新的情况下，客户凭什么必须选择你，而不是别人？！

　　为此，一家4S店的经理把工作重点放在了售后服务，为车主提供完善的售后服务体系。这家4S店建立了每月一次的会议体制，各室的室长参加，共同讨论如何提高售后服务的相关议题。

　　比如，他们改善服务流程，持续推广快速保养服务，引入钣金流水化作业模式，节省车主等待修理的时间；推出"关怀养护计划"，明确将3年/10万公里免费保修确立为全车系的固定保修政策；将售后服务内容、时间、价格、作业过程、收费项目等透明化、公开化；尤其是，该店还推出了"三包索赔保修条款"，只要满足其中的条件，车主就可以享受免费索赔、质保服务。

　　举个例子：一次，这家店购进了一批环保型的汽车滤清器，上货不久就销售一空。但一个月后，有一位客户反映说，发现购买的汽车滤清器存在质量问题，要求退货。店面经理检查一番后，确定这一批滤清器质量的确有问题，于是他立即给客户退货退款。同时，经理还令销售人员联系曾经购买这款滤清器的客户，请他们办理退货。

　　为了表示歉意，经理和全体销售人员真诚地向客户道

歉，并且补偿来往交通费。之后，客户们陆陆续续都来办理退货了，但其中一位客户因在英国出差，暂时没有来。经理承诺不管什么时候他来退货，本4S店都会按原价退这款滤清器。经理说到做到，半年后这位客户到店时亲自接待了他，不仅为他办理了退货，还赠送一些佩饰作为补偿。

这一系列售后服务让这家4S店脱颖而出，赢得了很多客户的信任和支持，凡是来店里消费的客户都成了忠实客户。

售后服务真的是销售人员留住客户的法宝。在竞争激烈的环境下，凭什么客户选择你，而不是其他人？你又凭什么赢得客户的信任和依赖？答案就是良好的售后服务。

对于销售人员来说，售后服务不仅仅是营销手段，更是与客户建立长期信任关系的必要条件。所以，不要把销售看作是短暂的过程，认为成交之后就结束了。销售是一个长期持续的过程，把成交看作是一个新的开始，把销售服务看作是销售的最后过程，才是你聪明的选择。

然而，很多销售人员却忽视了售后服务，当初给予了客户承诺——客户购买产品后会享受优质、周到的售后服务，事后却不能履行承诺，结果不仅丢了客户，还留下不诚信的恶名。

一名保险销售员向客户推荐了一份商业保险，可是客户拒绝了他的推销，理由是平时工作太忙，又经常出差，缴费不太方便。为了成交，保险销售员承诺说："这没有关系，每个月我会提前给您发缴费通知，如果您不方便缴费，我还可以上门收取保险费，这样就可以省去您很多麻烦。"结果，客户被销售员打动，愉快地购买了这份保险。

一开始该保险员还能履行按期上门收费的约定，但收了几个月以后，就不能履行承诺了。客户主动给他打电话，他不是说推迟几天，就是说自己有急事处理，让客户自己去银行缴费。为此，这个客户每个月都需要跑银行，既浪费时间又浪费精力，还耽误了很多重要事情。当他的要求上门收费再一次遭到保险员拒绝时，他干脆退保了，并且直言再也不会买该保险员的保险。

售后服务做不好，客户怎么会信任你？怎么会再次购买你的产品？

现在市场竞争激烈，人们对产品和服务的要求越来越高，客户渴望的不只是高质量产品，还有高质量服务，甚至更看重服务这一项。没有售后服务的销售，在客户眼里是没有信用的销售；没有售后服务的商品，是没有保障的商品；而不能提供售后服务的销售人员，其最终也无法赢得客户的信赖和忠诚。

所以，谁的售后服务做得好，谁的业绩就越高，谁的生意就做得大。亲爱的朋友们，竭尽全力做好售后服务吧！

维护客户关系，万分紧急！

很多销售人员认为扩展客户资源是最重要的，客户多了，成

交率才能提升，业绩才能更好。于是，他们不停地开发新客户、扩展新客户，却忽视了老客户的维护。

事实上，开发新客户重要，维护老客户更重要。这是因为，老客户比新客户更有价值，他们不仅更容易成交，而且还能给销售人员带来新客户。因为与老客户相比，新客户对销售人员缺少信任，需要更多时间和精力才能建立关系、实现成交。可老客户就不一样了，因为已经合作过了，对销售人员和产品都比较了解和信任，自然就更容易成交了。

而且，如果你老客户维护好了，他们会把朋友、亲人发展过来，扩大了你的销售圈子。之后，新客户变成老客户，老客户又带来新客户，销售人员的生意自然就源源不断了。有营销专家统计过，发展一位新客户的成本是挽留一个老客户的3倍至10倍，向新客户推销产品的成功率是15%，向老客户推销产品的成功率是50%，同时60%的新客户来自现有客户推荐。

因此，销售人员想要把业绩做大，就不能只顾着开发新客户，忘了维护老客户。只有更好地维护老客户，才能不断扩大销售市场，建立新的销售网络。

那么，如何维护老客户？最关键的一点就是确保自己的产品质量。客户之所以选择你，就是因为你的产品质量，否则即便你的服务更好也无济于事。除此之外，定期回访，时常联络感情是维系客户关系的重要方式。

回访的时候，销售人员可以询问客户对产品的想法，是否满意、是否有意见。如果客户不满意，销售人员应该及时找到不满意的原因，给予满意的答复。同时，回访的时候，销售人员可以赠送客户一些礼品、样品，尤其是元旦、春节、端午节、中秋节等重大假日，或是客户的生日、公司乔迁、公司周年庆等对客户有特殊意义的节日更应该进行祝福、赠送礼品。只要让客户感受到你的关心，让客户经常看到你，就可以与客户建立良好的互动关系，把客户发展成为你最忠实的客户。

不妨看看王凯是如何做的：

王凯长得不帅，个不高，也没多大能耐，只是一个养鸡场的小老板。一段时间由于受禽流感的影响，王凯的生意很惨淡，连续半年入不敷出，差一点儿就关门大吉了。这时候饲料供销商、多个鸡肉批发商纷纷解囊，给他提供了周转资金，帮他支撑过了这一段艰难时期。王凯和生意上的伙伴们看起来并没有多要好，怎么会在危难时期得到这么多的帮助呢？对此，很多人非常不理解。

事实上，王凯与客户的感情是在经常的联系中培养出来的。他把每一个客户的信息都记录在册，创建了客户数据库，包括生日、家庭情况、生意情况、兴趣爱好等等。几乎每个周末，王凯都会主动给自己经常合作的那些饲料供销商、鸡肉批发商打电话问候，聊聊各自的生意、生活的近况等。即使是有事外出时，王凯也会坚持每周给朋友们发个邮件问好，见面时还经常向他们赠送一些有特色的礼物。

而且，他还会询问客户对产品的意见，并且虚心接受客户意见，不断提升自己的产品品质和服务质量。当客户遇到难题的时候，他总是耐心地给予解答，费心费力。这样一

来，那些生意上的伙伴们总能记着王凯，在他遇到困难的时候施以援手。

可以说，销售这件事情，离不开人脉，离不开人情。维护老客户不仅是让销售活动良好运作的关键，更是销售圈子不断扩展的基础。

当然，想要达到更好的回访效果，销售人员就必须掌握每一个客户详细、全面的资料。但不管你有多么聪明的大脑和多好的记忆力，也是不可能记住你客户的每一个细节的，所以创建一份客户数据库非常有用。这资料库应该包括以下内容：姓名、性别、单位、职务、地址、生日、家庭情况、电话与传真、电子信箱等个人信息；以及客户购买产品的信息，成交的时间、地点，购买的东西、大小、结构、颜色、年限、使用情况、购买价格等等。只有做好了档案，才有案可循，才能更有效地跟进老客户。

总之，销售人员不要只顾着开发新客户，更不要纠结是将更多的资源分配给老客户还是用在发掘新客户上。要知道，发掘新客户和维护老客户是不冲突的，只要你能维护好和老客户的关系，就不愁没有新客户！

任何一个客户，都可能是你的财神爷

推销大师原一平曾经告诫人们，发现客户、赢得客户只是第一步，管理好客户资源，让老客户为你开发新客户才是伟大的推销员应该掌握的基本功。

我们前面也讲过维护老客户是非常重要的，可以形成一种老带新—新转老—老带新的良性循环。那么问题来了，如何实现这种良性循环、如何让老客户心甘情愿地为你带来新客户呢？

定期举办各种主题的客户联谊活动，如感恩年会、客户答谢会暨新品发布会、客户俱乐部、沙龙等就是不错的方法。事实上，很多销售公司都会在年尾举行客户答谢会，请客户聚餐、唱歌，或是请客户度假、游玩。这种交流商业性不明显，客户喜欢参加，感觉也很轻松，有利于与客户建立良好的关系。

同时，有的销售公司会让一些重要客户上台讲几句话，给客户颁个荣誉奖。这不仅可以表现对客户的尊重，还可以增强客户对企业的信赖感，无形中增加对企业的持续关注度。

除此之外，销售人员还可以给老客户利益，比如老客户介绍一个新客户，你就给他相应提成或奖励。只要你给出的条件足够有诱惑性，一些客户自然就会愿意卖力为你介绍新客户了。

很早之前，乔·吉拉德就提出了250定律，他认为每一位顾客身后大体有250名亲朋好友。如果赢得了一位顾客的好感，就意味着赢得了250个人的好感。在这种情况下，乔·吉拉德认真对待每一个客户，然后把一叠名片交给客户，告诉客户如果他介绍别人来买车，成交之后，每辆车他会得到25美元的酬劳。就这样，乔·吉拉德轻松地扩展了人脉资源，做成了一笔又一笔生意。

现实生活中很多聪明的销售者也善于利用这种方法，比如，某电商规定，买家只要给予好评并分享到微博、朋友圈，便可领取5元红包；某培训机构规定，老生带新生，老生可以减免100元学费，新生可以获得价值100元的购物卡；某健身会所告诉客户，你只需找2个同伴一起报名，就可以享受5节课的免费游戏培训……

这种用"利益"刺激老客户带新客户的方法非常有效，因为老客户对你的产品和服务有信任感，既可以让朋友享受好的产品和服务，又能为自己赚取利益，何乐而不为呢？而且，现实生活中很多客户或是嫌麻烦，或是比较在意个人收益，如果你不明确提出给予他"好处"，他是不会给你介绍新客户的。

所以，给予客户足够的优惠和"好处"，那么你的工作就会越来越好做，生意就会越来越红火。不妨看看下面这个例子：

某汽车4S店，为了扩展客户资源，特意针对老客户设置了一些优惠活动。比如，国庆节期间，他们推出了一批"置换卡"，上面写着"亲爱的车主朋友：好咖啡要和朋友一起品尝，好机会也要和朋友一起分享。您的选择不妨告诉您的家人朋友，同时为了回馈您的支持，我们为您定制了转介绍尊享活动！老客户介绍新客户购买1台新车送常规保养一次，2台送500元加油卡或代金券；3台赠送全车商业险……"

结果，所有老客户都积极参加活动，把自己的亲朋好友介绍过来，结果该汽车4S店的销售业务一飞冲天。

当然有人注重利益，有人不注重利益，不愿意为了那些优惠去惹麻烦。这个时候，销售人员不能强求，以免引起客户的戒心和反感。这个时候，销售人员就需要为客户提供周到的服务，让他们见识到自己产品和服务的品质。

比如，当与客户成交后，你需要与客户保持经常性的联系，不断地沟通、交流和追踪回访；询问他们使用产品的情况，是否对产品质量满意；出新产品时，给他们样品或赠品，询问他们的意见和建议；当有促销活动或优惠政策时，第一时间通知客户……当客户对你产生了足够的信任感，自然就会不自觉地为你宣传了。

总之，任何一个客户，都可能是你的财神爷，给你带来更多的客户资源。销售人员不仅要为客户提供卓越的产品与服务，更应该维持好与客户之间的良好关系，想办法让他为你扩展客户资源。

让每一个客户都成为你的宣传员和介绍者，你的业绩还愁不高吗？

把客户变成粉丝，才叫你的本事

忠诚是客户内心深处拥有的一种情感坚持，不管环境因素如何变化，也不管市场上出现什么样的产品，都不会吸引客户做出改变。这也解释了为什么某产品一出新款式，客户就蜂拥而至！为什么它的价格比其他同类品牌高出很多，依然有那么多客户选

择它!

可以说，忠诚度高的客户就是该产品的粉丝，而这些粉丝就是销售人员最有价值的资产。因为这些忠诚的客户会持续关注并且长期、重复地购买你的产品或者服务，会把你的产品和你推荐给身边人。同时，这种信任和依赖会让他对价格降低敏感，即便有人提供价格较低的产品，他也不会轻易离开你，转投到其他人那里。

所以，销售人员应该想办法提升客户的忠诚度，把他变成你最忠实的粉丝。那么如何把客户变成产品最忠诚的粉丝呢?

首先，你必须让客户在你这里找到归属感。每个人都有自己想维持的社会形象，如果你的产品能够帮助客户完成身份的确定——通过消费你的产品，来表达：我也是这一类人，那么就可以把他变成这件产品的粉丝。

比如，某些汽车销售人员在向客户推销的时候，会经常提及汽车的"社会形象"：通过您的谈吐，您和您的朋友一定都是受过良好教育的成功人士，与您一样，很多高素质人群都会选择我们××车型，您请看××车型非常适合像您这种业务繁忙的成功商务人士，让您时刻都能游刃有余，优雅自如……通常当客户觉得自己的汽车可以凸显自己的社会形象时，就会成为忠实客户。

再比如，苹果公司的广告中很少提及电脑的性能有多好，而是展示苹果用户是富有个性、追求潮流的一群人，是热爱自然、想看世界的一群人。这恰好迎合了那些追求个性、时尚、自由的年轻人的需求，让他们产生了归属感，从而成为忠实的粉丝。

同时，想要把客户变成粉丝，销售人员还应该让客户产生情感认同，与客户搭建起感情的桥梁。当然，这种情感认同不是一朝一夕形成的，需要长时间的积累。这就需要销售人员注重产品品质，为客户提供优质的产品。

很久之前，人们做出一个实验：试验中，研究人员将A可乐和B可乐分别倒入没有标记的杯子里，请参与者分别品尝，并在品尝可乐时，对他们的大脑活动进行扫描。大脑扫描的结果显示，一部分号称自己喜欢B可乐的参与者事实上更喜欢A的味道。

之后，研究人员又请这些参与者品尝了另一杯可乐，并告诉他们这次喝的是A。这时，一些人的大脑发生微妙的变化，在得知自己喝的是A之后，他们的大脑会干扰愉快信号的传播，并且坚持说喜欢B可乐，B可乐更好喝。

很明显，这些参与者们说谎了，但是他们不是故意的。他们的确觉得B可乐更好喝，他们情感影响了感受，影响了对B可乐的评价。

这个实验也告诉我们，想要赢得客户的青睐，那么前提就是赢得客户的喜欢，让他成为你最热衷的粉丝。只要客户在情感上倾向于你，那么就不会轻易改变。

所以，客户的满意度很重要，培养客户忠诚更重要。想办法把客户变成最忠实的粉丝吧！

你在客户心中的名字，应该叫"唯一"

很多销售人员抱怨：为什么客户这么善变，刚刚答应与我签约，转头就与别人签约了？为什么客户总是犹豫不决，非要看看其他家的产品？

其实，客户善变是有原因的。因为你的产品或服务没有特色，不能吸引客户的眼球。现在市场上同质化产品这么多，你的产品或服务与其他人没有什么不同，那么客户就没有非选你不可的理由了！所有竞争者都努力抢客户，客户可能选你，也可能不选你，可能这一次选你，下一次就可能选择别人。不是吗？

那么，销售人员应该如何去应对呢？

销售者应该强调产品的理念，打造与众不同的理念。在产品同质化的市场，客户无法清楚辨别谁的产品最好，与其在产品品质上不断重复强调，还不如打造与众不同的理念。只要客户从理念上接受了你的观点，那么就会倾向于选择你，而不是别人。

智能手机刚兴起时价格昂贵，多则五六千元，少则三四千元，很多低收入的年轻人买不起。之后，雷军推出小米手机，秉持着"为发烧而生"的理念，向那些渴望拥有智能手机的年轻人提供价格低廉、功能齐全、性能高的产品。

同时，小米手机具备了开放的系统，为广大手机发烧友刷机提供了便利，让他们体验刷机的快感和满足。

　　正因为如此，小米手机受到了年轻人的喜爱和追捧，能够在众多智能机中脱颖而出，成为国内手机领域的一匹黑马。那一时期，"为发烧而生"这个口号可以说是被刷爆网络，之后，小米又提出了"感动人心，价格厚道"这一理念。虽然产品不再只有手机，而是涉及家用电器等其他领域，却始终坚持做到产品的价格低、性能高。在产品理念上下功夫，是小米产品区别于其他产品的重要手段，这让小米成功了。今天你若是做到这一点，那么也能获得成功。

　　除此之外，销售人员还应该注重打造产品独特的卖点，用不一样的卖点来吸引特定客户。比如，你可以在创新上做文章，当你的产品特色独此一家，而且这项特色能够给客户带来莫大的好处，那么客户就会对它情有独钟。再比如，你可以强调其他同类产品没有的特质，或是功能，或是味道，或是功效，用你的独特之处吸引客户。

　　以饮品市场为例，乐百氏强调的是"纯净"，农夫山泉强调的是"自然"，侏罗纪强调的是"活性"，王老吉则强调"不上火"，这些都是功能性的差异。因为它们具有其他产品没有的特质，并且把这些特质作为卖点，所以能赢得客户的喜欢。

　　牙膏市场也是如此。黑人主打洁白牙齿、高露洁主打防蛀、云南白药主打治疗牙龈出血等，每种产品都占据了市场的一壁江山，都有各自的客户人群。这个时候，狮王牙膏为

了在竞争中占据有利地位，打造了属于自己的独特卖点——去烟渍。这种功能专门针对那些喜欢抽烟的男士，解决了男士们困扰已久的问题，迅速受到了大量烟民的青睐。

可见，想要赢得市场、提升业绩，销售人员就应该找得到自己产品的独特卖点，用产品的独到之处吸引客户。这远比你直接推销、费尽口舌更有效！

不管你卖什么产品，都不要急着去向客户推销，遇到客户突然变卦也不要抱怨连连，让自己的产品变得与众不同，你才能成为客户唯一的选择！